SO KOCHT
NEW ORLEANS

*Eßkultur und Originalrezepte aus der
Stadt am Mississippi*

SO KOCHT
NEW ORLEANS

*Eßkultur und Originalrezepte aus der
Stadt am Mississippi*

MOSAIK VERLAG

Inhaltsverzeichnis

TEIL I: KULINARISCHE TRADITION

Einleitung 5
Die kulinarischen Ursprünge der Stadt 6
Eine kulinarische Familientradition 10
Der multikulturelle Gumbo-Topf 12
Nahrhafte Feste 17
Die New-Orleans-Bar 20
Restaurantbummel durch New Orleans 22

TEIL II: DIE KOCHKUNST VON NEW ORLEANS

Die New-Orleans-Küche 29
Zutaten der Küche von New Orleans 32

TEIL III: DIE REZEPTE

Grundrezepte 39
Brunch 42
Vorspeisen 48
Suppen, Eintöpfe und Gumbos 64
Reis und Gemüse 76
Fisch und Meeresfrüchte 80
Fleisch und Geflügel 104
Nachspeisen 118
Cocktails 130

ANHANG

Zusätzliche Rezepte 133
Kulinarische Schauplätze 138
Restaurant-Führer 139
Register 140

Teil I: Kulinarische Tradition

*Auf den Fundamenten der Kochkunst der Kreolen und der Cajuns hat
New Orleans eine phantastische Küche geschaffen*

John DeMers

Das mit Magnolien und Bougainvillea üppig geschmückte New Orleans gleicht keiner anderen amerikanischen Stadt. Geliebt wird diese Metropole des Südens wegen ihrer ansprechenden Architektur, ihrer Musik – wobei natürlich der Jazz im Vordergrund steht –, den ausgelassenfröhlichen Mardi-Gras-Feiern – und vor allem wegen ihrer Küche.

Das ganz besondere Flair New Orleans hat mit seiner abwechslungsreichen Geschichte und der Lage an der Mündung des Mississippi zu tun. Die französischen Wurzeln – die Stadt wurde im 18. Jh. von französischen Siedlern gegründet – mögen die Vorliebe der Einwohner von New Orleans für gutes Essen erklären, denn nirgendwo in den USA findet man so viele berühmte Gerichte: Gumbo, Süßwasserkrebs-Étouffée, Jambalaya, Muffuletta-Sandwiches – die Liste ließe sich beliebig fortsetzen.

An der Mündung der größten und wichtigsten Wasserstraße der USA gelegen, hat New Orleans Einwanderer aus der ganzen Welt aufgenommen. Nicht nur die frühen französischen und spanischen Siedler, Kreolen (Mischbevölkerung französischer, spanischer, afrikanischer und karibischer Abstammung) und Cajuns (franko-kanadische Einwanderer, die im 18. Jh. in die Region kamen), sondern auch Einwanderer aus Westindien, Deutschland,

Italien, China und Thailand – um nur einige Länder zu nennen – haben zu dieser einzigartigen Küche beigetragen.

Keine andere Stadt Amerikas kann auf eine so lange kulinarische Geschichte zurückblicken: In Speisesalons, die bereits über 150 Jahre alt sind, kann der Gast die klassische französische Küche genießen. Andererseits gibt es wohl kaum eine andere Stadt, deren Gerichte sich in einer einzigen Generation so grundlegend gewandelt haben. Es werden heute nicht mehr nur die wohlvertrauten Rezepte zubereitet, sondern kulinarische Köstlichkeiten aus allen Ländern der Erde serviert.

Dies hat die Küche von New Orleans neu belebt. In den letzten Jahren wurden die traditionellen Familienrestaurants, bei denen die Rezepte von Generation zu Generation weitergereicht wurden, von neuen Restaurants abgelöst, deren Besitzer und Chefköche durch innovative Kochkunst noch mehr faszinierende Vielfalt in das kulinrische Angebot der Stadt brachten.

Dieses Buch befaßt sich mit den Geheimnissen und dem Zauber der Küche von New Orleans. Es widmet sich den vielen Kulturen, der bewegten Vergangenheit sowie der Liebe zum Feiern, die allesamt zu dieser einzigartigen Küche beigetragen haben.

Seite 2: Die Jazzlegenden Worthia G. Thomas, Frank Frederico, Charles Burbank, Jerry Adams und Lionel Ferbos verkörpern den Geist von New Orleans.
***Links:** Keine Mardi-Gras-Feier wäre vollkommen ohne die traditionellen roten Bohnen mit Reis sowie Maisbrot. Rezepte auf Seite 133.*

Die kulinarischen Ursprünge der Stadt

Ein kurzer Abriß der Geschichte der Siedler, die eine neue Küche kreierten

Honey Naylor

Stellen Sie sich vor, wie einst das Oberhaupt eines französischen oder spanischen Haushalts in New Orleans versuchte, der Küchenhilfe die Zubereitung seines Lieblingsgerichts zu erklären. Der Koch mochte ein Sklave aus Afrika oder ein freier Mensch aus irgendeinem Land der Welt gewesen sein, der lediglich die Gerichte seiner Heimat kannte. Er mußte nun mit einem komplizierten Rezept aus einem ihm fremden Land und mit unbekannten Zutaten zurechtkommen. Was für ihn zählte, war etwas auf den Tisch zu bringen – ob die Zubereitung nun authentisch war oder nicht.

Um 1800 lebten die Kreolen des französischen Viertels recht komfortabel. Dieses Aquarell zeigt die damalige Dumaine Street zwischen Dauphine und Bourbon Street.

Stellen Sie sich also vor, daß diese „europäischen" Rezepte von den Sklaven an die befreiten Sklaven und Einwanderer weitergegeben wurden und eines Tages vielleicht sogar an einen gelernten Koch. Was schließlich auf den Teller kam, war etwas völlig Neues: eine Küche, die in der Neuen Welt kreiert worden war – und dazu phantastisch schmeckte.

Es gibt keinen bestimmten Zeitpunkt, den man als Beginn der Küche von New Orleans angeben könnte. Jeder Moment in der Geschichte der Stadt hat dazu beigetragen, und auch heute noch unterliegt sie ständigem Wandel. Wer auch immer nach New Orleans kam, ob es die ersten Siedler aus Frankreich oder Spanien waren oder Einwanderer aus Sizilien, Griechenland, Irland, Deutschland, Kroatien, Vietnam oder Thailand – sie alle trugen ihren Teil dazu bei.

Die so entstandene kulinarische Tradition wurde als kreolische oder Cajun-Küche bezeichnet, aber in Wirklichkeit ist sie die Küche all jener, die in New Orleans irgendwann eine Mahlzeit zubereitet haben.

Historiker wollen verständlicherweise den Beginn dieser Entwicklung festlegen und klammern sich deshalb an einen Vorfall, der zumindest die Anfänge der kreolischen Küche in New Orleans symbolisiert. Bei der sogenannten Petticoat-Revolution des Jahres 1722 versammelten sich etwa 50 junge

Frauen und marschierten zum Haus des Gouverneurs Bienville, wobei sie mit Blechlöffeln auf Bratpfannen schlugen und gegen ihre karge Nahrung aus Maismehlbrei protestierten.

Mit bewundernswertem Geschick vermittelte Bienville den Kontakt zu einer gewissen Madame Langlois, die mehr als nur ein paar Geheimnisse von den hiesigen Choctaw-Indianern gelernt hatte.

Sie beruhigte die aufgebrachten Frauen, indem sie ihnen beibrachte, wie man Gumbo, den sie bereits von den westafrikanischen Sklaven kannten (Gumbo war ein afrikanisches Wort für Okra), mit einheimischen Gewürzen aromatisieren konnte, wie man Maisgrütze zubereitet, wie man mit Forellen, Rotbarsch, Pompanofisch, Garnelen, Krabben, Krebsen und Wild aus der Region den Speiseplan bereichern konnte.

Es ist nicht falsch zu sagen, die kreolische Küche sei französisch. Die Franzosen gründeten 1718 in der Nähe der Mississippi-Mündung die Kolonie La Nouvelle Orleans. Auf Frankreichs Thron saß der Kindkönig Ludwig XV., regiert wurde das Land aber von Philippe II. von Orléans, nach dem die Siedlung benannt wurde. Die ersten Straßen der Stadt wurden nach französischen Adeligen benannt.

Von Anfang an verwendete man in der Küche von New Orleans viele französische Begriffe, wie Ravigotes, Rémoulades, Étouffées und Beignets. Man liebte üppige Soßen, wie Sauce Béarnaise und Sauce Hollandaise, und setzte Butter und Sahne großzügig ein. Auch heute noch wundert man sich gelegentlich darüber, daß ein Gericht mit einem französischen Namen so wenig Ähnlichkeit mit dem Original aufweist.

Vielleicht war das üppige Essen Trost für die harten Jahre der Gründerzeit, die wahrhaft trostlos waren. New Orleans entstand am Ufer des breiten, braunen Flusses, ein Großteil der Stadt 1,5 m unter dem Meeresspiegel gelegen und – soweit das Auge reicht – von Sümpfen und Flußarmen umgeben. Die Kolonie mußte dichtem Röhricht abgetrotzt werden, und ihre Einwohner hatten ständig Wirbelstürmen, Überschwemmungen und dem Gelbfieber zu trotzen. Die vielen Feste in New Orleans gehen sicherlich auf diese Gründerzeit zurück, in der schon das nackte Überleben Grund zum Feiern war.

Zu den ersten Siedlern von La Nouvelle Orleans kamen bald afrikanische Sklaven hinzu und dann deutsche Einwanderer. Mitte des 18. Jh. gelangte New Orleans unter spanische Herrschaft. Es wurden neue Zutaten wie Tomaten und Mais aus den spanischen Kolonien Amerikas eingeführt.

Der berühmte French Market von New Orleans gehörte so sehr zum kulinarischen Leben der Stadt, daß er sogar auf Kaffee-Etiketten abgebildet wurde.

Italienische Obsthändler auf dem French Market um die Jahrhundertwende.

Schiffstagesreise von der Stelle entfernt, wo der Mississippi in den Golf von Mexiko mündet. 1803 war der Hafen ein geschäftiges Handelszentrum, und Thomas Jefferson nahm das Angebot Napoleons, Louisiana zum Preis von 15 Millionen Dollar erwerben zu können, nur allzu gerne an. Diese einmalige Transaktion war der Anfang von Amerikas Vision, sich in wenigen Jahren vom Atlantik bis zum Pazifik zu erstrecken.

Tausende von Menschen eilten in die neue amerikanische Stadt. 1840 war New Orleans eine der größten und wohlhabendsten Städte der Nation. Den Restaurants mangelte es nicht an Gästen, die gut essen wollten und es sich auch leisten konnten. Von den ersten Restaurants haben nur wenige bis heute überlebt. Den besten Ruf hatte Moreau's, und Fabacher's galt als das größte. In letzterem wurden bis zu 2000 Mahlzeiten täglich serviert, an Mardi Gras gar bis zu 5000. Heute hingegen sind am Faschingsdienstag die meisten eleganten Lokale geschlossen.

Zu jener Zeit kamen aus dem heutigen *Nova Scotia* und *New Brunswick* (Kanada) auch Tausende von Cajuns in das südliche Louisiana. Sie waren die Nachkommen französischer Einwanderer, die zu Beginn des 17. Jh. kanadische Provinzen besiedelt hatten und dann von den Briten vertrieben wurden.

New Orleans wurde damals von zwei verheerenden Bränden heimgesucht. Die neu aufgebaute Stadt, wie wir sie heute kennen, spiegelt eindeutig spanische Einflüsse wider und erinnert mehr an das alte San Juan als an Paris, Rouen oder Nizza. Zu Beginn des 19. Jh. gab Spanien Louisiana wieder an Frankreich zurück, aber die französische Flagge wehte nur 20 Tage in der Kolonie.

Der Hafen von New Orleans lag weniger als eine

bendsten Städte der Nation. Den Restaurants mangelte es nicht an Gästen, die gut essen wollten und es sich auch leisten konnten. Von den ersten Restaurants haben nur wenige bis heute überlebt. Den besten Ruf hatte Moreau's, und Fabacher's galt als das größte. In letzterem wurden bis zu 2000 Mahlzeiten täglich serviert, an Mardi Gras gar bis zu 5000. Heute hingegen sind am Faschingsdienstag die meisten eleganten Lokale geschlossen.

Begue's Restaurant, in der Nähe des French Market gelegen, war ein kreolisches Wahrzeichen der Stadt und berühmt für sein reichhaltiges Frühstück mit Meeresfrüchten, Fleischgerichten und Wein, das bis zu vier Stunden dauerte. Das älteste noch existierende Restaurant ist das weltberühmte

Antoine's, das als bescheidene Pension begann.

Heute ist New Orleans ein vielseitiges Wirtschafts- und Touristenzentrum, aber der Hafen ist immer noch von wirtschaftlicher Bedeutung für die Stadt. Ausgedehnte Docks säumen das Flußufer und die künstlichen Wasserstraßen, wie den Gulf Intercoastal Waterway und den Mississippi River Gulf Outlet. Zu den Exportgütern aus dem riesigen Hinterland von New Orleans zählen Getreide, Baumwolle und Erdölprodukte. Die Fischindustrie ist ebenfalls von Bedeutung, und Louisiana ist auch für Reis, Süßkartoffeln, Zuckerrohr, Erdbeeren und Tomaten berühmt.

Trotz einiger Zugeständnisse an das 20. Jh., wie luxuriöse Hotelhochhäuser, steht New Orleans immer noch fest mit einem Bein in der Vergangenheit.

New Orleans ist alles andere als eine nette, ordentliche Stadt, und darin liegt ein Teil seines Charmes und seiner Attraktivität für Künstler. Das französische Viertel, das French Quarter, eines von zehn historischen Stadtvierteln, wird liebevoll gepflegt und erhalten. Es ist gleichzeitig lebendiges Museum, Geschäftszentrum, Wohnbezirk und größte Touristenattraktion.

Wenn man in der Nähe des Vieux Carré Beignets und eine Tasse Café au lait genießt, befindet man sich ganz in der Nähe der ursprünglichen Siedlung La Nouvelle Orleans, die noch immer die gleichen Begrenzungen aufweist wie im 18. Jh., als sie von

Beignets und Café au lait sind in New Orleans seit Beginn des 19. Jh. beliebt.

französischen Ingenieuren angelegt wurde.

Die Stadt schätzt ihr französisches Erbe und liebt die Legenden über Voodoo-Königinnen und Freibeuter. Aber man ist auch stolz darauf, daß in New Orleans die erste Oper Amerikas aufgeführt wurde. New Orleans ist zudem stolz auf seine Gerichte, seine Musik und seine Vergnügungen – und die Bewohner der Stadt laden gerne alle Welt dazu ein, an diesen Dingen teilzunehmen.

Eine kulinarische Familientradition

*Die Grande Dame von New Orleans' berühmtester Restaurantfamilie
erinnert sich an ihre Kindheit*

Ella Brennan

Als Kinder, die in New Orleans aufwuchsen, machten wir außergewöhnliche kulinarische Erfahrungen – und wußten es nicht einmal. Wir dachten, daß jeder auf der Welt eine Mutter hätte, die so gut kochen konnte wie die unsere. Wir waren sechs Kinder, und die Mahlzeiten stellten immer ein fröhliches Ereignis dar, bei dem wir mit gutem Essen verwöhnt wurden.

Wie viele Frauen und Männer in New Orleans war meine Mutter eine intuitive Köchin. Ich lief immer hinter ihr her, um zu sehen, was sie zaubern würde. Heute glaube ich, daß alle bedeutenden Köche mit Zauberhänden ausgestattet sind. Für meine Mutter war das Kochen aber nichts Kompliziertes, sondern die einfachste Sache der Welt.

John, Dottie und Dick Brennan (stehend, von links nach rechts) sowie Ella und Adelaide Brennan (sitzend), die Gründer des Commander's Palace.

Sie mußte nicht Wochen im voraus planen oder mit einer Liste zum Einkaufen gehen. Sie hatte stets eine gut gefüllte Speisekammer. Fleisch, Geflügel, Meeresfrüchte, erntefrisches Gemüse und Obst gehörten ebenso zu unserer Kindheit wie die Menschen, die sie uns auf den kleinen Märkten verkauften oder direkt ins Haus brachten. Manchmal erinnere ich mich eher an die Menschen, als an die Lebensmittel – aber wie könnte man die beiden auch trennen?

Der Metzger Mr. Manale brachte meiner Mutter das Fleisch und Mr. Tony das Gemüse. Dann gab es noch den Fischmann, den Bananenmann, den Milchmann, den Kaffeemann – sie kamen damals alle ins Haus und waren auch mit meiner Mutter befreundet.

Wir Kinder waren mit ihnen vertraut. Mr. Tony fuhr uns manchmal mit dem Auto zur Schule. Immer saß irgendwer bei einer Tasse Kaffee oder einem Glas Eistee in unserer Küche. Alles in unserem Haus drehte sich um das Essen, was uns aber viele Jahre lang gar nicht bewußt war.

Gegenüber der Schule gab es eine Bäckerei. Als mein Bruder Dick klein war, mußte ich ihn nach der Schule abholen, und wir warfen das Brot, das wir in der Bäckerei besorgt hatten, auf dem Heimweg ständig zwischen uns hin und her, weil es noch so heiß war.

Die Brüder meiner Mutter waren oft beim Fischen und Jagen und brachten ihr immer etwas von ihren Ausflügen mit. Ich höre sie noch pfeifen, wenn sie meiner Mutter fangfrischen Redfish brachten, den meine Mutter gebacken mit kreolischer Soße zubereitete und der schon früh zu meinem Lieblingsgericht wurde. Es war eine sehr leichte Soße aus frischen Tomaten, Zwiebeln und grünen Paprikaschoten, und dazu gab es weißen Reis.

Als wir unser Restaurant eröffneten, hatten wir sehr viel Glück mit den Mitarbeitern. Sie waren alle viel älter als wir und nahmen uns wie Adoptivkinder an. Wir saßen einfach stundenlang bei ihnen und lernten.

Von Anfang an war die kreolische Küche experimentell. Die französischen Siedler paßten ihre traditionellen Rezepte an die Produkte der Neuen Welt an und mußten viel Intuition beim Kochen aufbringen. Die Rezepte wurden meist nicht niedergeschrieben, und es existierten auch keine starren Regeln. Für viele Gerichte gibt es in New Orleans so viele Rezepte wie es Köche gibt.

All das gilt auch für das Commander's Palace. Ich

Die Familie Brennan – hier an Weihnachten versammelt –, deren Mitglieder viele der beliebtesten Restaurants von New Orleans gegründet haben.

arbeite nicht gerne mit Leuten, die sich nicht weiterentwickeln, die sich zufrieden geben mit dem, was sie erreicht haben. Es gibt immer einen Weg, etwas noch besser zu machen.

Ein fähiger Restaurantbesitzer fördert diese kreative Energie bei seinen Mitarbeitern. Wir Brennans wußten nicht, was in uns steckte, aber andere haben es zutage gebracht. Heute sind wir erfolgreich und suchen diese Fähigkeiten wiederum bei anderen. Wir möchten andere zu kulinarischen Höhenflügen inspirieren.

Der multikulturelle Gumbo-Topf

Die Küche von New Orleans ist das Ergebnis von über zwei Jahrhunderten der Einwanderung

Paul A. Greenberg

Sie kamen zu Tausenden aus den unterschiedlichsten Teilen der Welt und strömten in ein Land, in dem die Straßen angeblich mit Gold gepflastert waren. Sie kamen aus Afrika, Irland, Frankreich, Spanien, Italien, Sizilien, Kroatien oder Deutschland, alle mit Hoffnungen und dem Traum von Reichtum und Glück im Gepäck.

Mit dem steten Zuzug von Einwanderern im 18. und 19. Jh. gelangten auch neue Kochmethoden, Gewürze und Gerichte nach New Orleans, woraus sich dann im Laufe der Zeit die heutige Küche dieser einzigartigen Stadt entwickelt hat.

Vergleichen läßt sich dies mit einem riesigen Eintopf, der mehr als 100 Jahre lang über einem lodernden Feuer hing und zu dem beständig Menschen unterschiedlicher Herkunft, Hautfarbe und Sprache Zutaten beisteuerten. So entstand der Gumbo – das Gericht der Kreolen und Cajuns, eine Metapher für all das, was die genußfreudigen Einwohner von New Orleans gerne essen.

Amerikanische Kräuter und Gewürze, kombi-

niert mit der Kochkunst des Triumvirats Frankreich, Spanien und Afrika, daraus erwuchs die kreolische Küche. Neue Einwanderergruppen fügten typische Elemente aus ihren Herkunftsländern hinzu. Den westindischen Inseln sind beispielsweise Chilischoten und Piment sowie neue Gemüsearten wie Mirlitons zu verdanken, die seit dem New Orleans' Küche bereichern, und Haiti steuerte Bittergetränke und den Branntwein bei.

Aber auch die Deutschen, Italiener und Iren, die vor Hungersnöten, Seuchen und politischen Umbrüchen in ihren Ländern flohen, prägten die vielfältige Küche von New Orleans.

Kartoffelmißernten, die Mitte des 19. Jh. Irland heimsuchten, brachten Tausende von Iren nach Amerika. Ihre Vorliebe für Kartoffeln, Kohl, Eier, gebackenes Brot und Eintöpfe spiegelt sich auch heute noch täglich auf den Speisekarten von New Orleans wider.

Auch die Deutschen hatten genügend Gründe, aus ihrer Heimat zu fliehen. Die napoleonischen

Kriege lösten einen Massenexodus nach Amerika aus, und viele Auswanderer kamen nach New Orleans. Auch als der Krieg zu Ende ging, flohen Deutsche während einer zweijährigen Hungersnot im Rheinland auch weiterhin in die Hafenstadt. Oft konnten sie die Schiffspassage nicht bezahlen und vereinbarten daher mit den holländischen Schiffseignern, als Gegenleistung für die Überfahrt acht Jahre lang in Amerika unentgeltlich zu arbeiten. 1910 bildeten die Deutschen in New Orleans die größte Gruppe von Einwohnern, die nicht in Amerika geboren worden waren. Aufgrund ihrer Armut siedelten sie in den Außenbezirken der Stadt, eine Lage, die ihnen den Gemüseanbau ermöglichte. Ihre Produkte verkauften sie auf Lastwägen, und bald wurden sie allseits wegen ihrer vielfältigen Erzeugnisse und ihres herzlichen Wesens geschätzt.

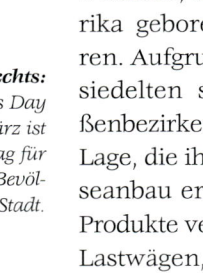

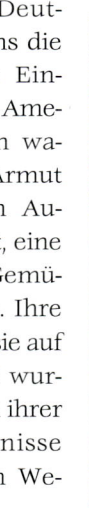

Im Laufe der Zeit eröffneten die Deutschen auch Restaurants. Zahlreiche deutsche Wurstsorten (z.B. Braunschweiger, Blut- und Leberwurst), Kartoffelklöße und Apfelstreuselkuchen ergänzten das kulinarische Angebot der Stadt, und das Bier trat seinen Siegeszug an. Mitte des 19. Jh. wurde in New Orleans der Grundstein für eines der wichtigsten Brauereizentren der USA gelegt.

Zahlreiche Italiener hatten – wie so viele andere Volksgruppen – Mitte des 19. Jh. aufgrund von Hungersnöten und Epidemien ihre Heimat verlassen und New Orleans zur Wahlheimat auserkoren, da ihnen sowohl das Klima als auch das Zusammenleben mit französischen und spanischen Bevölkerungsgruppen ein Gefühl heimatlicher Vertrautheit vermittelte. Die Italiener machten sich einen Namen für das frische Obst, das sie anbauten und verkauften. Klassische italienische Gerichte werden noch immer in der ganzen Stadt serviert, aber der wichtigste italienische Beitrag zur Küche von New Orleans war das Muffuletta-Sandwich.

Im Jahr 1900 ersann Salvatore Lupo, der Besitzer des Gemüsemarkts im French Quarter, für die italienischen Farmer einen kleinen Imbiß aus Oliven, etwas Käse und Salami sowie einem Stück Brot, das in Lupos Heimat Sizilien Muffuletta hieß. Während des Essens balancierten die Farmer all diese Zutaten ihrer Mahlzeit auf den Knien, so wie sie es auch in Sizilien getan hatten.

Die Unterhaltungen, die während des Imbisses im Central Grocery stattfanden, waren meist lebhaft und unterstrichen von leidenschaftlichen Gebärden. Da fiel schon mal eine Schale mit Oliven auf den Zementboden, ein Stück Salami flog durch die Luft oder ein Farmer sprang gestikulierend auf, während seine Hand noch ein Stück Käse umklammerte.

Als Lupo eines Tages keine Lust mehr hatte, ständig Salami und Oliven aufzukehren, bot er den Farmern alle Zutaten in einer Muffuletta an, die er in der Mitte aufschnitt. Er konnte damals freilich nicht ahnen, daß seine Sandwich-Kreation in Zukunft ebenso ein Teil von New Orleans sein würde wie der berühmte Gumbo. Heute füllt man Muffulettas auch mit anderen Zutaten wie z.B. Krebsfleisch.

Das wohl beste Beispiel für die Bereicherung der Küche von New Orleans durch Einwanderer waren die Kroaten mit ihrer Austernzucht. Sie waren so sehr vom Wunsch beseelt, es in diesem Land zu etwas zu bringen, daß viele von ihnen von früh morgens bis lange nach Einbruch der Dunkelheit in den Austernbänken arbeiteten. Von der Mitte des 18. Jh. bis etwa 1950 beherrschten die Kroaten das Austerngeschäft in der Region um New Orleans. Heute wird hier immer noch etwa 20% der gesamten Austernernte Amerikas produziert.

Die zahlreichen asiatischen Restaurants sind Beleg für den kulinarischen Einfluß der Chinesen, Japaner, Koreaner und Thailänder. Als die US-Regierung New Orleans als Siedlungsort für Tausende von ausgebürgerten Vietnamesen auswählte, nahm die Stadt bereitwillig diese neue asiatische Eßkultur an.

In den alten Straßen von New Orleans befinden sich einige der besten Restaurants der Welt, und Namen wie Garcia, Giovanni, Barreca, Uglesich und Fong weisen auf die einzigartige multikulturelle Geschichte der Stadt hin. Überall in der Stadt werden kulinarische Genüsse serviert von Clancy,

Die Cajun-Siedler aus Nova Scotia und New Brunswick in Kanada brachten auch ihre Musik mit nach Louisiana. Cajun- und Zydeco-Musik erlangen immer größere Beliebtheit in ganz Amerika.

Fitzgerald, Tandoor und Figaro. Nicht wegzudenken aus den Straßen von New Orleans sind auch bekannte Namen wie Jaeger, O'Brien, Lafitte, Manale, Mosca, Reginelli, O'Henry, Igor und Vucinovich.

Diese Straßen durchzieht das Aroma von Speisen, hinter denen sich eine abwechslungsreiche Geschichte, viel Arbeit, Liebe und eine Vermischung der Kulturen verbirgt, die so typisch für den Schmelztiegel Amerika ist.

Nahrhafte Feste

Von Königskuchen bis Jazzfest – New Orleans ist ein Festival des Essens

Errol Laborde

Je näher der Höhepunkt des Karnevals, der Mardi Gras, rückt, desto weniger reicht es aus, König oder Königin des Tages zu sein. Zur Inbesitznahme des königlichen Karnevalsthrons für 24 Stunden gehört auch ein festliches Essen – in diesem Fall der Königskuchen, ein köstlicher, süßer Verwandter des französischen Brioche.

Es ist unmöglich alle Speisen aufzuzählen, die in New Orleans ganz einfach zum Leben und zum Feiern gehören. Jede Mahlzeit ist gleichzeitig auch ein Fest. Um zu erahnen, welche Bedeutung das Essen in New Orleans hat, muß man selbst in diese einzigartige, lebendige Kultur eintauchen und auch an ihr teilnehmen.

Allerdings muß der Besucher genau hinsehen, sonst nimmt er nur das stereotype Bild einer gehirnlosen Riesenparty wahr, die in Alkohol ertrinkt. Eine solche Betrachtungsweise wäre nicht nur ein schrecklicher Affront gegenüber der kulinarischen Kultur von New Orleans, sondern auch gegenüber Millionen seiner Einwohner, die auf diese Weise ihrer Art von „realistischem Glück" Ausdruck verleihen.

In den Wochen vor Mardi Gras, dem Karneval mit seinem Höhepunkt am Faschingsdienstag (Fat Tuesday), werden viele Variationen des europäischen Königskuchens gebacken. Das mit Zucker überzogene Gebäck, Kingcake genannt, wird während der gesamten Karnevalszeit bei jeder Feier und in jeder Kaffeepause in den Büros gegessen und ist an Legenden ebenso reich wie an Zutaten.

Der Kingcake birgt immer einen Gegenstand, meist eine kleine Plastikpuppe, die im Kuchen mitgebacken worden ist. Derjenige, der dieses Stück des Kuchens bekommt, wird bis zur nächsten Feier und bis zum nächsten Kuchen zum König oder zur Königin ernannt.

Geographisch und politisch gesehen ist New Orleans eine durch und durch amerikanische Stadt. Aber um New Orleans ganz zu begreifen, darf man nie vergessen, daß diese Stadt – sowohl im Hinblick auf ihre innovative Eßkultur als auch was Charak-

Links: Auch zu viele Köche können dieses Omelette aus 5000 Eiern in Abbeville nicht verderben.
Linke Seite: Beim Gumbo-Festival wird kräftig im Topf gerührt.

ter und Persönlichkeit angeht, mehr als nur amerikanisch ist. Und New Orleans ist natürlich auch mehr als nur eine Stadt.

In vielerlei Hinsicht erinnert New Orleans an eine Insel. Begrenzt wird sie vom Mississippi und vom Golf von Mexiko. Sie hat ihren ganz eigenen Stil und auch ihren eigenen Dialekt entwickelt. Charakteristisch für die Stadt ist ihre Freude am Feiern.

Man könnte New Orleans sogar als die nördlichste Insel der Karibik bezeichnen. Auch hier gibt es eine schwarze Mehrheit, aber ein europäisches Erbe und eine weiße Wirtschaftsmacht.

Wie in der Karibik gibt es in New Orleans eine eigene Musik, spezielle Karnevalstraditionen, Armut und Reichtum, Voodoo sowie eine scharfe und pikante Küche. New Orleans ist in vielerlei Hinsicht stellvertretend für die Neue Welt.

In dieser Stadt gibt es immer ein Fest mit Elementen aus ganz verschiedene Erdteilen, und solche Feste sind über das ganze Jahr verteilt.

Am wichtigsten ist Mardi Gras mit seinem berühmten Karnevalsumzug. In der Karnevalszeit finden unzählige Bälle und Feste mit Auftritten der Karnevalsprinzenpaare statt. Der Karnevalsumzug selbst ist ein Riesenspektakel, das heidnische

Ein Anlaß zum Feiern findet sich immer: Dieses Fest ist den Garnelen und dem Petroleum gewidmet. Die Knights of Columbus und ihre Ehefrauen verzehren hier Shrimps auf einem Garnelenkutter.

Ursprünge, christliche Elemente und alle sozialen Schichten widerspiegelt.

Fat Tuesday, der letzte Tag des Karnevals, vom christlichen Kirchenjahr dazu bestimmt, den heidnischen Feiern zu Frühlingsbeginn einen christlichen Anstrich zu geben, markiert auch gleichzeitig den Beginn der Fastenzeit und bietet katholischen Christen nochmals die Gelegenheit zu üppigem Essen. In New Orleans ist das Fasten allerdings eher eine leidenschaftliche Form des Essens: Kopf und Bauch denken an nichts anderes, als an die nächste Mahlzeit.

Das von den Franzosen gegründete New Orleans nahm Mardi Gras mit Begeisterung an. Als die Kirche die strengen Fastengesetze lockerte, übernahm die Stadt, das beste von beiden Welten: Sie wurde Meister im Feiern ohne zu fasten.

Das zweite große Festival ist das Jazzfest von New Orleans, das an zwei Wochenenden Ende April und Anfang Mai stattfindet. Im Gegensatz zum Karneval, bei dem der Getränkekonsum im Vordergrund steht und nur schnell mal zwischendurch ein gebratenes Hähnchen oder eine geräucherte Wurst vertilgt wird, dreht sich beim Jazzfest alles ums Essen. Schon der Name des Festes – New Orleans Jazz and Heritage Festival – weist darauf hin, daß es allen Dingen gewidmet ist, die den Bewohnern von New Orleans am Herzen liegen: Musik, Kunst – und natürlich das Essen.

Das schönste an diesen Festivaltagen ist das Bummeln zwischen den einzelnen Buden, an denen man die Gerichte der Kreolen, der Cajuns, Afrikas, der Karibik und fast jede andere Küche, die jemals in New Orleans Fuß faßte, genießen kann. Diese Eßstände sind in vielerlei Hinsicht ein Spiegelbild der Stadt.

Trotz all der kulinarischen Genüsse an Karneval und beim Jazzfest sind jedoch oft die kleineren Feste die schönsten.

Wie überall, wo Iren sich niedergelassen haben, wird auch hier St. Patrick's Day gefeiert. Daß auch dieses Fest an Karneval erinnert, ist charakteristisch für New Orleans. Beim Umzug am St. Patrick's Day werden von den Wägen Kohl, Kartoffeln, Karotten und Zwiebeln – also allesamt Zutaten für eine irische Mahlzeit – in die Menge geworfen.

Zwei Tage später feiern die in New Orleans ansässigen Sizilianer St. Joseph's Day und errichten ihrem Schutzpatron Altäre, die mit allerlei Speisen geschmückt sind – vom warmen, pikanten Gemüse bis zu Plätzchen jeder Art. Viele dieser Altäre sind der Dank für die Erfüllung von Bitten, die man an St. Joseph gerichtet hatte.

St. Joseph wird auch von der afro-amerikanischen Bevölkerung der Stadt verehrt. Die „Stämme" der „Mardi Gras Indians", d.h. die Amerikaner afrikanischer Abstammung haben an einem Wochenende vor oder nach St. Joseph's Day ihren eigenen Auftritt. Dazu werden die glitzernden Kostüme getragen, die man sonst nur im Karneval sieht.

Bei diesen Mardi-Gras-Kostümen wird die Verbindung von Louisianas berühmter scharfer Soße mit den über alles geliebten Austern dargestellt. Auch eine gewisse sexuelle Symbolik ist nicht von der Hand zu weisen.

Nur in New Orleans kann man seinen Kater von einer irischen Party loswerden, indem man sich bei einer sizilianischen Parade zu den Rhythmen wiegt, die als Indianer verkleidete, afrikanische Musiker darbieten. Es ist als ob der Schmelztiegel Amerikas gerade hier in New Orleans am lebhaftesten brodelt. Die Menschen von New Orleans würden es auch niemals anders haben wollen.

Die New-Orleans-Bar

Eine historische Betrachtung über das „spirituelle" Leben der Stadt

John DeMers

Dank unserer mediterranen Vorfahren und unserer eigenen, vielzitierten „Mardi-Gras-Mentalität" wird New Orleans schon seit den frühesten Tagen seiner Geschichte mit Trinkfreuden in Verbindung gebracht.

New Orleans hat wesentlich zur Geschichte des amerikanischen Cocktails beigetragen, und es heißt sogar, daß sich das Wort „Cocktail" auf Antoine Peychaud zurückführen ließe.

Heute denkt man bei diesem Namen hauptsächlich an die *Peychaud bitters*, und er ist eine Berühmtheit in Amerikas Geschichte als einer jungen Nation von harten Trinkern. Peychaud stammte von der Karibikinsel Santo Domingo und kam Ende des 18. Jh. nach einem besonders gewalttätigen Sklavenaufstand nach New Orleans. Viele der großen Plantagenbesitzer flohen damals hierher, um ihre Haut zu retten.

Nachdem Peychaud sich in der Stadt niedergelassen hatte, ersann er in seiner Apotheke in der Royal Street ein Allheilmittel auf Branntweinbasis. Er sorgte auch dafür, daß die englische Sprache um ein neues Wort bereichert werden sollte. Peychaud bot seine Medizin nämlich in einer Art Eierbecher an, den man in Frankreich als *coquetier* bezeichnete.

Durch den Hang zu falscher Betonung wurde aus *coquetier cock-tay* und schließlich Cocktail. Angeblich hat sich die Angewohnheit, einen Drink zu nehmen, wenn einem gerade danach ist, von New Orleans auf den Rest der noch jungen Vereinigten Staaten von Amerika ausgebreitet, und damit auch der in New Orleans geprägte Begriff Cocktail.

Heute sind Cocktails von den lokalen Festivitäten New Orleans' nicht mehr wegzudenken – gehaltvolle Ursache alkoholischer Exzesse, nicht nur bei unerfahrenen Touristen. Und obwohl sich der allgemeine Geschmack von den harten Getränken immer mehr abgewandt hat und man heute lieber gelegentlich ein Glas Weißwein trinkt, kann man sich New Orleans doch nur schwer ohne Hurricane, Sazerac, Gin Fizz und einige andere Drinks vorstellen.

Ein riesiger Hurricane-Cocktail, eine Kreation der Bar Pat O'Brien's, stellt alle anderen Getränke in den Schatten.

Um 1880 war in einer Zeitung zu lesen: „Wenn Du nach New Orleans gehst, mein Sohn, trink einen Sazerac-Cocktail für mich und einen für Dich." Dieser Drink aus Whiskey, Zucker, Bitters und einem Anislikör ist der Stolz der Stadt. Der Cocktail wurde nach einem berühmten französischen Branntwein der Firma Sazerac-du-Forge benannt. Der Branntwein wurde von John Schiller importiert, der 1850 das Sazerac Café in der Exchange Alley Nr. 13 eröffnete.

Als Thomas Handy 1870 das Lokal übernahm, veränderte er das Getränk mit einem Spritzer Absinth und einem Spritzer des roten Peychaud-Bitters und ersetzte den für den Namen verantwortlichen Branntwein durch Whiskey.

Als 1912 der Absinth in den USA verboten wurde, verwendete man Spirituosen wie Ojen aus Spanien, Pernod aus Frankreich oder Herbsaint aus Louisiana als Ersatz, der auch für einen Touch von Anisgeschmack sorgte.

Heute gehört der Name *Sazerac* der Sazerac Company, die jährlich eine Lizenz an die Sazerac-Bar des Fairmont Hotel erteilt. Als dieses Haus noch das berühmte Roosevelt war, hat es Unmengen dieser Cocktails ausgeschenkt.

Der Hurricane-Cocktail (ein Neuling im Vergleich zum Sazerac) besteht aus Passionsfruchtaroma, dunklem Rum und Zitrussäften und ist eine Kreation von Pat O'Brien's Irish Bar.

Aufgrund des unglaublichen Erfolgs des Hurricane hat die Bar sogar ein eigenes Glas mit einer charakteristischen Form für diesen Drink entworfen: ein Stielglas, das unten gewölbt ist und nach oben hin in eine Zylinderform übergeht. Besonders häufig kann man es in den frühen Morgenstunden in der Bourbon Street sehen. Pat O's hat auch andere Drinks wie Cyclone, Squall und Breeze erfunden.

Ein weiteres äußerst populäres Getränk ist der Gin Fizz (aus Sahne, Gin, Zitronensaft, Orangenblütenwasser und Eiweiß), der von Henry C. Ramos kreiert wurde, einem Barbesitzer von New Orleans, der 1888 in die Stadt kam. Ein paar Jahre später beschäftigte das Ramos Imperial Cabinet bis zu 35 Barkellner, die während des Karnevals und anderer Festivitäten einen Gin Fizz nach dem anderen servierten. Das Getränk war einer der Lieblingsdrinks des Gouverneurs von Louisiana, Huey Long. Als er in den Senat nach Washington berufen wurde, versuchte er zuerst verzweifelt, weiterhin Anschluß an die Ramos-Quelle zu haben. Schließlich wurde ein Barkellner aus New Orleans abgeworben, und der Drink entwickelte sich schnell zum Lieblingsgetränk der Hauptstadt.

Eine lokale Abwandlung des Brandy Alexander, der Brandy Milk Punch, wurde während der Prohibition regelrecht zur Marotte der Nation. Er besteht aus Branntwein, Sahne, Zuckersirup und Ei und wird heute als Aperitif zum Brunch geschätzt. In New Orleans trinkt man ihn auch gerne, um den Teufel mit dem Belzebub auszutreiben: Er soll nämlich Abhilfe schaffen, wenn man einen Kater hat.

Die wenigsten von uns nippen zwar an kühlen Minzgetränken auf unseren Plantagen, aber an einem heißen Tag gibt es in New Orleans nichts Besseres, als im French Quarter mit einem Glas in der Hand auf einer Veranda zu sitzen und die Welt an sich vorüberziehen zu lassen.

Restaurantbummel durch New Orleans

*Ob Kreolen- oder Cajun-Küche, alt oder neu – die Stadt bietet ein
buntes Potpourri an kulinarischen Genüssen*

John DeMers

Bei einer Mahlzeit in New Orleans läßt es sich hervorragend in der kulinarischen Geschichte der Stadt schwelgen.

Fast alle alten Restaurants von New Orleans (das Antoine's ist sogar das älteste der USA) findet man im French Quarter. Hier siedelten sich die ersten europäischen Siedler an, hier war man bemüht, das Paris der Neuen Welt entstehen zu lassen.

Vor 1840 gab es hier schon einige Lokale, aber das **Antoine's** (713 St. Louis Street) ist das älteste noch existierende. Der aus Marseille stammende Antoine Alciatore kam mit 27 Jahren nach New Orleans. Er konnte kaum erahnen, was sich eines Tages aus seiner einfachen Pension entwickeln würde. Er wußte noch nichts von den berühmten Gerichten, die im Antoine's kreiert werden sollten, etwa Austern Rockefeller oder *Pompano en papillote*, noch ahnte er, daß hier dereinst Präsidenten, Schauspieler und Schriftsteller dinieren sollten. Als Papst Johannes Paul II. 1988 New Orleans besuchte, sorgte Antoine's für sein leibliches Wohl.

Das **Tujague's** (823 Decatur Street) ist den Annalen zufolge das zweitälteste Restaurant von New Orleans – und ganz anders als Antoine's. Unter der Leitung von Madame Begue, die den Händlern des nahegelegenen French Market ein riesiges „zweites Frühstück" (einen Vorläufer des Brunch) auftischte, erlebte es seine Glanzzeit. Die Familie Latter hat dafür gesorgt, daß die meisten Traditionen des Tujague's erhalten geblieben sind. Unbedingt probieren sollte man die Garnelen-Rémoulade, das Rindfleisch mit Meerrettichsoße, das Knoblauchhuhn Bonne Femme oder den Brotpudding.

Das **Galatoire's** (209 Bourbon Street) ist ebenfalls ein altes Restaurant, das seit 1905 existiert. Wenn es ein Restaurant mit mehr Tradition als das Antoine's gibt, dann ist es das Galatoire's mit seinem prunkvollen Speisesaal, den Gästen aus der High-Society, den ehrwürdigen Kellnern und einer Speisekarte, die zu einem Zeitdokument der kreolischen Küche geworden ist. Was im Galatoire's gekocht wird, schmeckt nirgendwo anders besser.

Chefkoch Emeril Lagasse, eigentlich von der Ostküste, ist in seiner Wahlstadt New Orleans ein berühmter Koch. Er begann im Commander's Palace und hat seitdem mehrere erfolgreiche Restaurants eröffnet.

Das **Arnaud's** (813 Bienville Street) eröffnete 1918 unter Arnaud Cazenave, einem Franzosen, der wegen seiner Eleganz stets nur „Graf" Arnaud genannt wurde. Mit Hilfe seiner Tochter Germaine Wells und Archie Casbarians erstrahlte das Arnaud's in den 70er Jahren wieder in neuem Glanze. Die Garnelen Arnaud und die Forelle Müllerin-Art sind hier ein Muß, und der Brotpudding ist ein wahres Gedicht.

Das **Brennan's** (417 Royal Street) ist wegen der vielen Eier und der zahlreichen Cocktails, die zum Frühstück serviert werden, berühmt. Es ist aber auch mittags und abends ein empfehlenswerter Geheimtip. Viele kreolische Klassiker wurden hier kreiert, was das Brennan's nicht nur touristisch, sondern auch historisch interessant macht.

Commander's Palace (1403 Washington Avenue) im Garden District bildet noch immer eine Brücke zwischen der Alten und der Neuen Welt. Die kreolische Küche wurde hier durch die Kunst von so bekannten Chefköchen wie Paul Prudhomme und Emeril Lagasse wieder neu belebt. Heute leitet Jamie Shannon die Küche, und die Familie Brennan kann stolz darauf sein, daß das Commander's 1996 den James Beard Award erhielt.

In der Nähe des Commander's Palace zaubern JoAnn Clevenger und Chefkoch Richard Benz ständig neue Köstlichkeiten im **Upperline** (1413 Upperline Street). Bekannt ist es für seine Festivals wie das Knoblauch- oder das Entenfestival und ähnliches anläßlich wichtiger Ereignisse der Stadt.

Etwas weiter entfernt liegt das **Brigtsen's** (723 Dante Street) im Riverband-Viertel. Es hat gerade seinen 10. Geburtstag gefeiert. Der Koch und Besitzer Frank Brigtsen ist in der Kreolen- und der Cajun-Küche äußerst kreativ. Welche Gerichte auch immer Brigtsen mit Kaninchen zaubert, Sie sollten es sich nicht entgehen lassen.

Etwas zentraler gelegen ist der neu belebte Warehouse District, wo eine ganze Restaurantmeile entstand. Führend ist hier das **Emeril's** (800 Tchoupitoulas Street), das vom ehemaligen Chefkoch des Brennan's, Emeril Lagasse, eröffnet wurde.

Hier kann er seinen sehr persönlichen Kochstil voll entfalten. Sitzt man im Emeril's an der Theke, kann man ihm sogar beim Kochen zusehen.

Ebenfalls im Warehouse District (manchmal auch Arts District genannt) befindet sich auch **Mike's on the Avenue** (628 St. Charles Avenue). Es ist das Restaurant, das am meisten zu der Überzeugung beigetragen hat, daß alle Küchen der Welt in dieser Stadt vertreten sind, falls erwünscht sogar auf einem Teller. Chefkoch Mike Fennelly stammt aus New York, und bei ihm bekommt man die besten Thai-Südstaaten-Mittelmeer-Gerichte. Mike's ist chic, hell, luftig – und unvergeßlich.

Ein paar Schritte weiter kann man auch dem **Grill Room** am Windsor Court (300 Gravier Street) einen Besuch abstatten. Das Restaurant befindet sich nun unter der Leitung von Jeff Tunks, dessen Küche asiatisch beeinflußt ist. Hier bekommt der Gast schlicht und einfach einige der besten Speisen der Welt im luxuriösesten Speisesaal der Stadt serviert.

Canal Street ist die Champs Élysées von New Orleans. Hier befindet sich das **Palace Cafe** (605 Canal Street), das liebevoll renovierte Restaurant, mit dem die Familie Brennan das Gebäude von *Werlein's for Music* wiederauferstehen ließ. Von der Fassade bis zum Treppenhaus und den mit Jazzszenen ge-

schmückten Wänden ist alles äußerst ansprechend, und unter Leitung des erfahrenen Chefkochs Robert Bruce ist das Essen hier so gut wie nie zuvor.

Im **Cafe Giovanni** (117 Decatur Street), ein paar Schritte von der Canal Street entfernt, verwöhnt der junge Duke LoCicero mit seiner sizilianisch geprägten Küche die Gäste. Wenn Sie Italiens Küche lieben, werden Sie hier nicht enttäuscht, auch wenn LoCicero die Gerichte etwas anders zubereitet, als man es erwartet.

Das **Dominique's** im Maison Dupuy (1001 Toulouse Street) ist das Reich des begnadeten Kochs Dominique Macquet, der von Mauritius stammt. Mit sicherem Geschmack und einem Gefühl für Harmonie hat Macquet den Traditionen von New Orleans gemäß zahlreiche Verbindungen zu Europa und der Karibik geschaffen und auf diese Weise eine köstliche und zugleich überraschende Küche kreiert.

Das **Bella Luna** (914 North Peters Street) mit Blick auf den Mississippi ist die Heimat eines weiteren jungen Meisters, der verschiedene Küchen vereint. Horst Pfeifer verbindet seine europäische Herkunft und seine Ausbildung in den Küchen des Südwestens zu einer kreolischen Küche, die phantastisch schmeckt.

Chefköchin Susan Spicer vom **Bayona** (430

Chefkoch Paul Prudhomme, ein weiterer berühmter Koch von New Orleans, läßt seine eigenen Gewürzmischungen kommerziell produzieren. Hier probiert er die Desserts seines Restaurants, K-Paul's Louisiana Kitchen.

Dauphine Street) nennt ihren Kochstil „New World Cuisine", holt sich ihre Inspirationen aber ständig aus der Alten Welt. Mediterrane Anklänge, von Spanien über die Provence bis nach Griechenland, finden sich immer wieder in ihren Gerichten, bei denen die Köchin aber auch gelegentlich Kochmethoden anwendet, die sie in Guatemala, Indien oder Singapur kennengelernt hat. Spicers erster großer Restauranterfolg, **The Bistro** im Maison de Ville (727 Toulouse Street), ist ebenfalls sehr beliebt. Der aus New Orleans stammende Chefkoch Greg Picolo hat ein bemerkenswertes Händchen für die Produkte der Region, aus denen er wahre Köstlichkeiten zaubert. Die Wein- und Bierkarte in diesem intimen Lokal sind eine zusätzliche Attraktion.

K-Paul's Louisiana Kitchen (416 Chartres Street), ein kulinarisches Mekka, wurde von Paul Prudhomme gegründet. Berühmt ist das K-Paul's für seine Redfish-Spezialitäten, seine innovative Küche, aber auch für die besten, originalgetreu zubereiteten, ländlichen Gerichte, die man in dieser Stadt bekommen kann.

Auf der anderen Seite des French Quarter befindet sich das **Peristyle** (1041 Dumaine Street), ein schrulliges Lokal, das durch den Koch John Neal berühmt wurde. Heute ist das Peristyle das Reich von Anne Kearny und wartet mit einer sehr kreativen und guten Küche auf.

Außerhalb der Touristenbezirke (aber auf dem Weg zum New Orleans Museum of Art) befindet sich das **Gabrielle** (3201 Esplanade Avenue). Die Besitzer und Chefköche Greg und Mary Sonnier haben viele Preise für ihre bemerkenswerte Kreolen- und Cajun-Küche eingeheimst.

In den Vororten von New Orleans sind in den letzten Jahren immer mehr gute Restaurants eröffnet worden. Etwa **Andrea's** (3100 Nineteenth Street, Metairie) im Vorort Metairie. Hier bekommt man einige der besten italienischen Spezialitäten jenseits von Capri (der Heimat des Besitzers und Kochs Andrea Apuzzo).

Am Nordufer des Pontchartrain-Sees liegt das **La Provence** (US 190, Lacombe), in dem der weißhaarige Koch-Gentleman-Poet Chris Kerageorgiou seine Gäste verwöhnt.

Dann sollten Sie noch das **Abita Brewpub** (72011 Holly Street, Abita Springs) aufsuchen. Denn schließlich ist das beste, was man aus frischem Quellwasser machen kann, ein kühles, frisches Bier.

Teil II: Die Kochkunst von New Orleans

Die New-Orleans-Küche

Marcelle Bienvenu

Das Herz und die Seele der Kochkunst von New Orleans ist die Küche. Hier kann man dem Koch dabei zusehen, wie er mit geübter Hand Gewürze in einen vor sich hin köchelnden Topf gibt, in einem anderen kurz umrührt und einen dritten aus dem heißen Ofen holt.

Alle Köche von New Orleans verstehen es meisterhaft, das Beste aus dem zu zaubern, was gerade zur Verfügung steht. Es wird nichts verschwendet oder weggeworfen. Geflügel- oder Rinderknochen werden lange geköchelt, um Brühe für Gumbos, Suppen oder Eintöpfe zu gewinnen. Die Reste des gebratenen Huhns vom Vortag werden zu Hühnersalat verarbeitet. Was der Jäger oder Fischer als Beute nach Hause bringt, wird geschmort, gekocht, gebraten, geräuchert, gegrillt oder auf andere Weise zubereitet.

Gartengemüse und Obst, werden, sofern man sie nicht frisch verzehrt, eingemacht oder eingefroren. Altes Brot wird zu *Pain perdu* oder zu leckerem Brotpudding verarbeitet. Ein Sprichwort sagt, daß man mit sehr wenig auskommen kann – und manchmal mit noch weniger. Wenn z.B. nicht mehr als eine Handvoll gekochter Reis übrig ist, läßt sich mit etwas Milch, einer Spur Zucker und Zimt sowie etwas Vanille ein schmackhafter Reiskuchen oder ein köstlicher Reispudding zubereiten. In der Küche von New Orleans gibt es keine starren Regeln. Wie beim Jazz ist Improvisation gefragt. Sie können etwas mehr würzen oder die Kochzeit verlängern. Jedenfalls gibt es in Louisiana genauso viele Gumborezepte wie Flußarme und Wasserwege.

In der Kreolen- und Cajun-Küche existierten lange Zeit keine allgemeingültigen Regeln; und als die Küche Louisianas in den achtziger Jahren überregionale Bedeutung erlangte, war vieles von dem, was über sie gesagt oder geschrieben wurde, einfach falsch.

So ist z.B. weder die Kreolen- noch die Cajun-Küche besonders scharf. Wir mögen unser Essen zwar gut gewürzt, und natürlich wird die Tabascosoße auf Avery Island, südlich von New Iberia (wiederum südlich von Lafayette, Louisiana), hergestellt. Aber kein Koch in Louisiana würde auf die Frage „Wie ist Ihr Essen?" antworten: „Nun, es ist ziemlich scharf."

Worauf jeder gute Koch Louisianas Wert legt, ist

Linke Seite: In der altmodischen Küche des Houmas House hängen Küchenutensilien aus der Kolonialzeit über dem Kamin. **Unten links:** Kupferkellen und Schöpflöffel. **Oben:** Kupfertöpfe.

Geschmack – je mehr, desto besser. Geschmack und Schärfe sind nicht identisch, und viele klassische Gerichte der Kreolen- oder Cajun-Küche sind überhaupt nicht scharf.

Die dümmste Bemerkung, die Touristen in guten Restaurants machen können, ist die, das Essen sei nicht genügend gewürzt. Bevor der Koch sich mit ihnen prügelt, sollte er die Flucht nach vorne antreten und ihnen Tabasco-Soße anbieten.

Das köstliche Aroma vieler Gerichte aus der Kreolen- und Cajun-Küche wird unter anderem dadurch erzielt, daß zu Beginn des Kochvorgangs Zwiebeln, Paprikaschoten und Stangensellerie gehackt und angedünstet werden. Diese Mischung nennt man, vor allem im katholischen Süden Louisianas, die „Heilige Dreifaltigkeit". Ebenso wird Knoblauch großzügig eingesetzt, was bei einer Küche, deren Ursprünge in Frankreich, Spanien und Sizilien liegen, nicht verwundert.

Eine weitere Grundlage ist natürlich das *Roux*, eine Einbrenne, die vielen Gerichten Louisianas ein besonderes Aroma und Farbe verleiht und auch zum Andicken der Speisen verwendet wird. Jeder französische Koch kennt den Begriff und die Zubereitung: eine Mischung aus gleichen Teilen Fett und Mehl, die unter ständigem Rühren in einer gußeisernen Pfanne zu einer dicken Paste verarbeitet wird. Französische Köche wissen aber nicht, daß *Roux* seit Generationen im Süden Louisianas perfektioniert wurde. Es kann bernsteinfarben oder fast schwarz sein und wird von Gumbo über Étouffée bis zu Soßen für Fleisch

Unten: Eine gußeiserne Pfanne eignet sich am besten zur Zubereitung eines *Roux*.
Rechts: Jeder Koch in New Orleans, der etwas auf sich hält, verwendet solche gußeisernen Töpfe.

oder Meeresfrüchte verwendet. *Roux* ist wie die „Heilige Dreifaltigkeit" nicht aus der Küche Louisianas wegzudenken.

Viele Gerichte werden in einem einzigen Topf zubereitet; meist werden sie langsam geköchelt, wodurch sich das Aroma am besten entfalten kann und aus einfachsten und billigsten Zutaten die köstlichsten und zartesten Speisen entstehen. Jambalaya, eine Version der spanischen Paella, wird wie das Étouffée einfach langsam geschmort. Dies gilt auch für Gumbo, der wohlschmeckenden und unglaublich vielseitigen afro-kreolischen Version der französischen Bouillabaisse.

Obwohl wir das Ende des 20. Jh. schreiben, beschränken sich die Utensilien, die in den Küchen von New Orleans zum Einsatz kommen, immer noch auf wenige, einfache Gegenstände. In jeder Küche befinden sich diverse **schwarze gußeiserne Töpfe und Pfannen**. Sie speichern die Hitze sehr gut und sind daher für die Küche Louisianas ideal. In den größeren Töpfen werden Gumbos, Eintöpfe sowie einige Fleisch- und Geflügelgerichte langsam gar geköchelt.

In großen **Bratpfannen** werden Maisbrote und frische Fische gebraten, die kleineren verwendet man für die Zubereitung der beliebten Mischung aus gehackten Zwiebeln, Paprikaschoten und Stangensellerie, der manchmal noch etwas Knoblauch hinzugegeben wird.

Diese schwarzen Töpfe werden ständig benutzt. Daher wird behauptet, daß man – falls knapp bei Kasse – einfach etwas Wasser in einen dieser

Töpfe gießen kann – und schon hat man einen Gumbo. Die Pfannen und Töpfe werden oft von Generation zu Generation weitergereicht. Die Sammlung meines Vaters wurde testamentarisch an uns Kinder vererbt.

Für Brühen und Soßen, die lange köcheln müssen, gibt es eine Reihe von verschiedenen **Töpfen** und **Pfannen**. Daneben werden noch **tiefe Pfannen** oder auch **elektrische Friteusen** verwendet, vor allem um die beliebten Meeresfrüchte zu fritieren.

Da noch immer Würste selbst hergestellt werden, ist ein **Fleischwolf**, mit Handkurbel oder elektrisch, in fast jeder Küche zu finden.

In diesem subtropischen Klima wird viel geräuchert, gebraten und gegrillt. Eine kleine **Räucherbox** (ein geschlossener Behälter, in dem Speisen langsam geräuchert werden, der aber auch als Grill verwendet werden kann) steht in fast jedem Patio oder Hinterhof. Fleisch, Geflügel, Garnelen und Fisch werden in dieser Box auf die ein oder andere Weise zubereitet.

Dann gibt es noch große **Kochtöpfe**, die auf Butanbrenner gesetzt werden. An fast jedem Wochenende der warmen Monate werden in ihnen unglaubliche Mengen an Krebsen und Garnelen in einem mit Gewürzen aromatisierten Wasser gekocht.

Da Reis fast täglich auf den Tisch kommt, steht in vielen modernen Küchen auch ein **elektrischer Reiskocher**.

Auf dem **Grill**, der aus schwarzweiß gefleckten Granitsteinen zusammengebaut ist, werden Hühnchen, Rindfleisch, Schweinefleisch und Wild gebraten. (Louisiana ist ein Jagdparadies, in dem es viele wilde Enten, Gänse, Hasen sowie Rotwild gibt.)

Gewürze und getrocknete Kräuter werden in großen, oben weiten Gefäßen aufbewahrt.

Bündel von Lorbeerzweigen, Knoblauchzöpfe und Ketten mit aufgefädelten Tabasco- oder Cayennepfefferschoten hängen in der Speisekammer an Haken. Frische Kräuter wie Thymian und Petersilie sowie Schalotten (die manchmal auch grüne Zwiebeln genannt werden) findet man in vielen Küchengärten, ebenso Minze, die man für gekühlte Juleps, Limonaden und Eistee benötigt.

Weitere Küchenutensilien sind ein großes **Hackbrett** und mehrere gut geschliffene Messer zum Schneiden, Entbeinen oder Filetieren. Des weiteren kommen unterschiedlich große **Holzlöffel** und große **Löffel aus rostfreiem Stahl** sowie **Spatel** und **Schöpflöffel** zum Einsatz.

Die Menschen in New Orleans nehmen das Essen genauso ernst wie alles andere auf der Welt. Es heißt, sie hätten eine 24stündige Liebesaffäre mit dem Essen. Mahlzeiten sind immer ein Genuß und niemals nur simple Nahrungsaufnahme. Die Tischgespräche drehen sich nicht nur darum, was zur letzten Mahlzeit aufgetischt wurde, sondern es geht auch um die Frage, was von diesem Essen zu erwarten ist und natürlich was morgen auf den Tisch kommt. Sie können auf alle Fälle davon ausgehen, daß es köstlich schmecken wird.

Oben: *Altmodische Grillvorrichtung, mit der Fleisch über der Feuerstelle geröstet wurde.*
Unten links: *Holzlöffel und Spatel.*
Unten: *Altes Buttermilchfaß.*

Zutaten der Küche von New Orleans

Gewöhnliche wie auch ungewöhnliche Zutaten findet man in jeder gutausgestatteten Küche in New Orleans

Andouille-Wurst

Artischocken

Basilikum

ANDOUILLE: Diese geräucherte Wurst, die einen französischen Namen trägt, kommt aus dem Süden Louisianas. Ursprünglich stellte man sie aus Schweinefleisch her. Sie entstand als Nebenprodukt der herbstlichen oder winterlichen *Boucherie*, zu der man sich auf dem Lande anläßlich der Schlachtung von Schweinen versammelte. Heute wird diese Wurst nur noch selten in eigener Schlachtung hergestellt. Sie schmeckt pfeffrig, doch der Räuchergeschmack ist bei den meisten Rezepten wichtiger als jener der Gewürze. Als Alternative kann man jede andere würzige Wurst verwenden, auch wenn der Geschmack nicht der gleiche ist.

ARTISCHOCKEN: Die Vorliebe für dieses Gemüse wurde von den sizilianischen Einwanderern übernommen. Artischockenherzen gibt man gerne zu Schmortöpfen oder man füllt die ganze Artischocke – d.h. die Zwischenräume zwischen den Blättern – mit einer italienisch gewürzten Brotbrösel-Mischung. Suppe mit Austern und Artischocken ist ein köstlicher Klassiker der Küche von New Orleans.

AUBERGINEN: Die Verwendung von Auberginen stammt ebenfalls aus der sizilianischen Küche. Die Sizilianer kannten dieses Gemüse von den Griechen, und diese wiederum hatten es von den Türken übernommen. Jeder Koch in New Orleans hat für dieses Gemüse seine eigene Meeresfrüchte-Füllung.

AUSTERN: Diese zweischaligen Muscheln werden seit mindestens 2000 Jahren kultiviert. An vielen Küsten der Welt werden Austern gezüchtet, aber jene aus Louisiana zählen zu den saftigsten und salzigsten. Die Austern werden hier meist roh und leicht gekühlt mit einer leichten Cocktailsoße verzehrt und gelten so als besondere Delikatesse. Sie werden auch in unzähligen kreolischen Rezepten verwendet.

BARSCH: Auch Gelbflosse genannt. Er ist der am meisten verbreitete Fisch in Louisiana, gefolgt vom riesigen *Warsaw* und dem *Snowy*. Das Fleisch ist weiß, mager und locker und eignet sich fast für jede Zubereitungsmethode. Der sogenannte Gourmet-Barsch oder *Scamp* wird allerdings nur in kleinen Mengen gefangen.

BASILIKUM: Basilikum war bei der Voodoo-Priesterin Marie Laveau aus New Orleans und ihren Anhängern sehr gefragt. Sie pflanzten es in ihren Vorgärten an, um den bösen Blick abzuwehren. In New Orleans wird Basilikum besonders gerne mit Tomaten kombiniert.

BLAUKREBSE: Sie werden mit harten und weichen Schalen in vielen Größen verkauft. Louisiana ist der größte Lieferant von lebenden, männlichen Krebsen für die Märkte an der Atlantikküste und exportiert weibliche Krebse auch nach Hawaii. Die weichschaligen Krebse erzielen bessere Preise als die aus anderen Staaten. Sandwiches mit Blaukrebsfleisch sind in New Orleans eine Spezialität, die man an jeder Straßenecke bekommt.

BOHNEN, ROTE: Wie auf den spanischen Karibikinseln werden die roten Bohnen in New Orleans zusammen mit gesalzenem Fleisch und Gewürzen langsam geköchelt und dann auf Reis serviert. An Montagen bieten die meisten Restaurants in New Orleans rote Bohnen als Spezialität an – ein Brauch, der auf die Zeit zurückgeht, als Montag Waschtag war und die roten Bohnen stundenlang auf dem Herd vor sich hin köchelten.

BOUDIN: Die ersten französischen Siedler brachten diese deftige Wurst nach Louisiana. Sie wird das ganze Jahr über, vorwiegend aber bei der *Boucherie* oder Schweineschlachtung im Herbst und Winter hergestellt. In Louisiana gibt es zwei beliebte Boudin-Sorten, eine weiße mit einer Füllung aus Reis und eine schwarze mit einer Füllung aus Schweineblut. Letzere wird manchmal – wie auch in Frankreich – Blutwurst genannt.

CAYENNEPFEFFER: Dies ist gemahlenes Pulver aus roten Chilischoten. Cayennepfeffer trägt viel zur Schärfe der Kreolen- und Cajun-Küche bei, meist in Verbindung mit weißem und schwarzem Pfeffer. Er ist zudem Bestandteil der beliebten und oft verwendeten Gewürzmischungen.

COCKTAILSOSSE: In den Fischrestaurants um New Orleans wird diese Soße literweise zu Garnelen, Krebsen und besonders zu rohen Austern in der Schale konsumiert. Fanatiker bestehen natürlich darauf, ihre eigene Soße zu mischen, aber diese basiert immer auf Ketchup mit reichlich Meerrettich, etwas Chilisoße und einem oder zwei Spritzern Zitronensaft.

FILÉ: Ein Pulver aus getrockneten Sassafras-Blättern, das die europäischen Siedler um New Orleans von den Choctaw-Indianern übernahmen und das bis heute zum Binden von Gumbo verwendet wird. Auf einigen Speisekarten steht „Filé Gumbo", was bedeutet, daß nicht das sonst übliche Okra zum Andicken benutzt wurde. Und in Hank Williams berühmtem Refrain taucht es auch auf: „Jambalaya, crawfish pie, filé gumbo!"

FLUNDER: Dieser Flachfisch ist in New Orleans sehr beliebt und wird oft mit Füllung serviert. Die Flunder schmeckt aber auch mit etwas Pfeffer gegrillt vorzüglich. Sie besitzt das magerste und trockenste Fleisch aller Fische, die in Louisiana gefangen werden. Daher läßt sie sich auch gut einfrieren.

FRÜHLINGSZWIEBELN: Diese langen grünen Zwiebeln werden von den Köchen von New Orleans oft fälschlicherweise auch Schalotten genannt. Gehackte Frühlingszwiebeln geben Gumbos und Eintöpfen eine wunderbare Konsistenz und ein herrliches Aroma.

Lorbeerblätter (frisch)

Paprikaschoten

Boudin

Süßwasserkrebse

Auberginen

Knoblauch

Chilischoten

Okraschoten

GARNELEN: Sie sind Amerikas beliebteste Meeresfrüchte, denn ihr zartes, saftiges Fleisch weist ein unvergleichliches Aroma auf. Garnelen sind eine sehr beliebte Zutat in der kreolischen Küche – man benötigt sie für zahlreiche Rezepte. Im Golf von Mexiko und in der Mississippi-Mündung findet man die größten Garnelengründe. Die Saison dauert von Mai bis Dezember.

GARNELEN, WEISSE: Sie werden auch Golfgarnelen genannt und sind eigentlich große Krebse aus Louisiana, die immer die höchsten Preise auf dem Markt erzielen. Sie sind zart, leicht zu schälen und schmecken überhaupt nicht nach Jod, wie das manchmal bei anderen Garnelenarten der Fall ist.

GELBFLOSSENTHUN: Dieser Fisch wurde in Louisiana erstmals um das Jahr 1980 gefangen, spielt aber heute in der Fischerei eine wichtige Rolle. Er wird in japanischen Restaurants roh zu *Sashimi* verarbeitet oder aber mariniert und dann gegrillt. Nicht so teuer, aber ähnlich in der Qualität sind Blauflossen- und Schwarzflossenthun, die auch in den Gewässern Louisianas gefangen werden.

GEMÜSE, GRÜNES: Rüben und Senfgrün sind die beliebtesten Grüngemüse in New Orleans. Sie gelten gemeinhin als Armeleute-Essen. Doch bekommt man diese Gemüsesorten in etwas gepfeffertem Essig geschmort serviert, so können sie durchaus jeden Beluga-Kaviar in den Schatten stellen.

GEWÜRZMISCHUNG, KREOLISCHE: Jeder erfahrene Koch bereitet seine Gewürzmischungen schon im voraus zu. Einfacher ist es, eine fertige Mischung zu kaufen. In New Orleans kann man zahlreiche Gewürzmischungen ausprobieren und auf diese Weise herausfinden, welche einem schmeckt. Salz ist in fast allen Mischungen vorherrschend, aber immer gehören auch gemahlener schwarzer oder weißer Pfeffer, gemahlene rote Chilischoten und viel Knoblauchpulver sowie andere Gewürze dazu.

GRÜTZE: Dieses typische Nahrungsmittel des Südens ist eine weiße, mild schmeckende Stärke aus grob gemahlenen und geschälten Körnern von getrocknetem, reifem Mais. Grütze erinnert an Maismehl, wird meist gekocht und als Beilage zu Eiern und Würstchen zum Frühstück serviert oder zu Fisch gereicht. Üblicherweise wird Grütze mit einem Butterstückchen angerichtet.

HAIFISCH: Es gibt mindestens neun Haifischarten, die in den Gewässern Louisianas gefangen werden. Sie kommen entlang der gesamten Küste vor, aber am häufigsten vor Grand Isle und Venice. Am beliebtesten ist der Mako, der dem Schwertfisch in Konsistenz und Geschmack recht ähnlich ist. Haifischfleisch ist sehr weiß und mager und in der Küche vielseitig verwendbar.

KÜRBIS: Die ansässigen Indianer haben in der Region von New Orleans schon lange vor der Ankunft der Europäer Kürbisse angebaut, und auch heute noch werden viele Kürbissorten in der Umgebung von New Orleans gezüchtet.

LORBEERBLÄTTER: Die getrockneten Blätter sind in der Kreolen- und Cajun-Küche weitverbreitet. Es ist das einzige Gewürz, das nicht gar gekocht wird und vor dem Servieren entfernt werden muß. Diese Blätter verleihen vielen Gerichten ein unverwechselbares Aroma.

MIRLITON: Eine kürbisähnliche Frucht, die manchmal auch Gemüsebirne oder Chayote genannt wird. Sie ist in der Karibik und in Lateinamerika weitverbreitet und wird auch in Louisiana sehr gerne gegessen. Mirlitons werden wie Auberginen oder Paprikaschoten gefüllt und gebacken.

OKRA: Diese Gemüseschote wird in der Kreolen- und der Cajun-Küche zum Andicken von Gumbo verwendet. Sie wird auch gerne eingelegt oder gebraten. Okra hat eine lange Geschichte: Die Schote wurde bereits von den Sumerern kultiviert. Bei den alten Ägyptern war sie nicht nur als Nahrungsmittel beliebt, sondern wurde auch zerstampft zu Papyrus verarbeitet. Als Lieblingsspeise vieler afrikanischer Völker gelangte das Gemüse mit den Sklaven nach Amerika – und zwar unter seinem ursprünglichen Namen „Gombo". Angeblich hatten die Sklaven Gombo-Samen in ihren Ohren versteckt, da man ihnen auf den Schiffen nach Amerika keine Kleidung ließ.

PAPRIKASCHOTEN: Nicht zu verwechseln mit den Chilischoten. Meist werden die grünen Schoten zusammen mit Zwiebeln und Stangensellerie gehackt und dann geschmort. Früher wurden nur die grünen Schoten verwendet; die neue kreolische Küche greift aber auch auf die roten und gelben Sorten zurück, um den Speisen farbige Akzente zu geben.

PECANNÜSSE: Die Pecannuß wird in großem Umfang in Louisiana angebaut. Sie ist süß und knackig und schmeckt einfach hervorragend in Süßspeisen (von Pralinen bis zu Pecanpie). Manchmal wird sie aber auch für Fisch- und Gemüsegerichte verwendet. Walnüsse sind eine akzeptable Alternative – was man aber nie in Anwesenheit eines Einheimischen erwähnen sollte.

PETERSILIE: Auch wenn in vielen Küchen Koriander die Petersilie abgelöst hat, benutzt man sie in New Orleans immer noch gerne als Garnierung oder gehackt zum Würzen.

POMPANO-FISCH: Mark Twain nannte den Pompano-Fisch „so köstlich wie die weniger kriminellen Sünden". Die Feinschmecker in New Orleans vergleichen ihn manchmal mit der Seezunge und somit mit einem anderen äußerst delikaten Fisch, wobei die meisten Köche ihn jeder Seezunge vorziehen. Obwohl es den Pompano von Massachusetts bis Brasilien gibt, wird er am häufigsten in den USA verzehrt. Jedes kreolische Restaurant hat ein eigenes Pompano-Rezept, vom berühmten *Pompano en papillote* bis zum gegrilltem Pompanofilet mit Krebsfleisch.

REDFISH: Wenn Sie den schwarzen Fleck nahe der Schwanzflosse des Redfish berühren, so hat dies gewissermaßen eine religiöse Bedeutung. Christus soll die hungrige Schar mit Redfish gespeist haben, und dieser Fleck soll an

Petersilie

Pecannüsse

rote Bohnen

Rosemarin

Frühlingszwiebeln

Würze für Meeresfrüchte

Garnelen

Kürbis

der Stelle entstanden sein, an der sein Daumen den Fisch berührt hat. Auch ohne diese biblische Assoziation nimmt der Fisch eine besondere Rolle in der kreolischen Küche ein. Redfish Courtbouillon ist ein großer, sättigender Eintopf, während man bei Redfish Chambord den Fisch pochiert, dann gewürfelte Artischocken und Pilze darübergibt und das Ganze mit einer Glasur überzieht. Geschwärzter Redfish auf Cajun-Art wird heute in aller Herren Länder serviert. Dies hat beinahe zur Ausrottung des Redfish in Louisiana geführt. Deshalb ist er heute geschützt und nur begrenzt für die Fischerei freigegeben. Der engverwandte *Black drum fish* und auch der Thunfisch kann als Alternative verwendet werden.

REGENBOGENFORELLE: Dies ist der Fisch, der am häufigsten in den Salzwassermarschen Louisianas gefangen und und zum Verkauf angeboten wird. Auch sein Bestand war in den letzten Jahren durch Überfischen gefährdet, doch hat er sich inzwischen stabilisiert.

REIS: Nur in China wird ebensoviel Reis pro Kopf konsumiert wie in Louisiana. Der hohe Verbrauch erklärt sich natürlich dadurch, daß es im Süden Louisianas riesige Reisanbaugebiete gibt. Mehrere asiatische Staaten importieren sogar Reis aus Louisiana. Sehr viele Gerichte werden mit gedämpftem weißem Reis zubereitet, beispielsweise rote Bohnen und Jambalaya.

ROSMARIN: Die Küche von New Orleans folgt dem französischen Vorbild und kombiniert Rosmarin meist mit Lammfleisch, aber ansäs-

sige Köche benutzen das Gewürz auch für Soßen und Fleischeintöpfe, die dadurch sehr aromatisch werden.

SCHALOTTEN: Nur wenige Wörter werden in New Orleans öfters falsch verwendet wie das Wort „Schalotten". Meist meint man in New Orleans damit Frühlingszwiebeln. In diesem Buch sind Schalotten jedoch Schalotten und Frühlingszwiebeln sind Frühlingszwiebeln. Schalotten sind die kleinen französischen Zwiebeln, die in der Farbe von weiß bis violett variieren.

SCHWARZAUGENBOHNEN: Diese Bohnen aus dem Hinterland von New Orleans verdanken ihren Namen einem schwarzen Punkt auf der Oberfläche und schmecken im Eintopf mit gesalzenem Fleisch oder gekocht als schlichte Gemüsebeilage. Auch in einer Vinaigrette mit knackigem Salat angerichtet sind sie durchaus zu empfehlen.

SENF, KREOLISCHER: Dieser Senf erinnert weder im Geschmack noch in der Konsistenz an sein Vorbild aus Dijon. Er besteht aus grob gemahlenen Körnern und ist sehr scharf. Ähnlich wie Meerrettich reinigt er die Nebenhöhlen. Kreolischer Senf bildet die Basis vieler Soßen, einschließlich der Remoulade für Garnelen. Dieser Senf schmeckt auch hervorragend zu einem Schinken-Sandwich. Ursprünglich brachten deutsche Einwanderer die Senfkörner, die sie in Essig marinierten, nach New Orleans.

SOSSE, SCHARFE: Wer es scharf liebt, kann in Louisiana fündig werden. Es gibt viele traditionelle Rezepte für die Herstellung einer scharfen Soße, angeführt von dem der Familie McIlhenny auf Avery Island (Hersteller der weltberühmten Tabascosoße). Grundlage aller Soßen sind Jalapeño- oder Habanero-Chilischoten, die zu einem scharfen Brei eingekocht und dann mit Essig oder anderen Flüssigkeiten zu einer Soße gestreckt werden.

STANGENSELLERIE: Zusammen mit Zwiebeln und Paprikaschoten ist er Bestandteil der „Heiligen Dreifaltigkeit", also jener Mischung, die für fast alle Gerichte verwendet wird. Meist werden die hellgrünen Stiele gehackt und mit den anderen beiden, ebenfalls gehackten Gemüsen vermischt und geschmort. Wer abends durch ein Städtchen in Louisiana wandert, dem wird der wunderbare Geruch dieser Mischung in die Nase steigen.

SÜSSWASSERKREBSE: Im Norden der USA machte man sich früher oft darüber lustig, daß in der kreolischen Küche diese Krebse verwendet wurden. Die Franzosen haben sie aber seit jeher zu schätzen gewußt, und heute mag sie jedes Kind. Alljährlich werden Tonnen von Flußkrebsen in alle Welt exportiert, z.B. nach New York oder Paris. Meist verwendet man nur die Schwänze, die frisch oder eingefroren und in ihrem eigenen „Fett" abgepackt verkauft werden. Waschen Sie das „Fett" nicht ab, da es sehr aromatisch ist. In jüngster Zeit gibt es auch preisgünstige Importe aus China, die aber in der Region des Atchafalaya Basins, wo es die besten Süßwasserkrebse der Welt gibt,

schlichtweg keine Vermarktungschance haben.

TASSO: Dieses Würzmittel wird aus Schweinefleisch hergestellt. Es verleiht Bohnen wie auch Suppen einen rauchigen und salzigen Geschmack.

THYMIAN: Thymian ist wie Basilikum ein europäisches Kraut mit einer langen Geschichte sowohl in der Heilkunde als auch in der Kochkunst. Köche in New Orleans verwenden getrockneten und frischen Thymian großzügig für Suppen, Eintöpfe und Soßen.

WÜRZE FÜR FISCH UND MEERESFRÜCHTE: Es handelt sich hierbei um eine fertige Gewürzmischung, die man zur Brühe gibt, in der Fische und Meeresfrüchte gekocht werden. Meist enthält diese Mischung Senfkörner, Pfefferkörner, Lorbeerblätter, Piment, Knoblauch, Ingwer und Chilis. Am häufigsten wird das Würzmittel für Garnelen oder Süßwasserkrebse verwendet.

YAMS: Die Farmer von Louisiana haben irgendwann einmal beschlossen, die von ihnen angebaute Süßkartoffel als Yams zu bezeichnen. Seitdem gibt es eine ständige Verwirrung der Begriffe: Die Louisiana-Yams ist eine fleischige, hellorange-gelbe Süßkartoffel, die phantastisch schmeckt, wenn sie mit Butter und braunem Zucker gekocht wird.

ZUCCHINI: In der Küche von New Orleans wurde die Zucchini durch die sizilianischen Einwanderer populär. Am besten schmecken die kleinsten und jüngsten Exemplare dieser langen dunkelgrünen Kürbisfrüchte.

Tasso

Thymian

Yams

Zucchini

Teil III: Die Rezepte

Grundrezepte für Würzmischungen, Brühen und Soßen

WÜRZMISCHUNGEN

Roux

Früher wurden junge Kreolen- oder Cajun-Köche in ihr Handwerk mit den Worten eingeführt: „Zuerst machst du ein Roux". Mit dieser geschmacksverstärkenden Mischung aus Mehl und Öl (manche Köche bevorzugen Butter), die gleichzeitig zum Andicken dient, bekommen viele Gerichte kurz vor Fertigstellung oft noch eine besondere Note.

250 ml Pflanzenöl
110 g Mehl

Öl in einer gußeisernen Bratpfanne bei mittlerer Hitze erwärmen. Mehl in das Öl einrühren, bis das Roux die gewünschte Farbe annimmt: Das dauert ca. 10–12 Minuten für ein helles Roux, 15–18 Minuten für ein mittelbraunes und 20–25 Minuten für ein dunkelbraunes Roux. Das Roux darf auf keinen Fall anbrennen, da es dem Gericht einen bitteren Geschmack verleihen würde. Wird das Roux zum Andicken von Gumbo oder Soße verwendet, löscht man es mit etwa 125 ml Flüssigkeit des Hauptgerichts ab. Anschließend verrühren und zum Gericht geben, dadurch bilden sich weniger Klümpchen. Ergibt 250 ml.

Zeitangaben

Die Zeitangaben beziehen sich lediglich auf die Vorbereitungszeiten und schließen die eigentliche Kochzeit nicht mit ein. Mixer oder Pürierstab sollten vorhanden sein.

🕐 *Schnell und einfach zuzubereiten*

🕐🕐 *Relativ einfach; ca. 15–30 Minuten Vorbereitungszeit*

🕐🕐🕐 *Mehr als 30 Minuten Vorbereitungszeit*

Linke Seite: Der Innenhof des Maison de Ville ist ein bezaubernder Rahmen für einen New-Orleans-Brunch.

Würze für Fisch und Meeresfrüchte

8 ganze Pimentkörner
1 rote Chilischote
1 EL kreolische Gewürzmischung
1 Knoblauchzehe, zerstoßen
1 Lorbeerblatt
10 schwarze Pfefferkörner

Alle Zutaten in kochendes Wasser geben. Etwa 1 Minute kochen lassen, damit sich das Aroma entfaltet; dann erst Fisch und Meeresfrüchte dazugeben. Reicht zum Würzen von 2 kg Meeresfrüchten.

BRÜHEN UND SOSSEN

Kreolische Soße

60 g Butter
90 g gehackte grüne Paprikaschoten
90 g gehackte rote Paprikaschoten
90 g gehackte Zwiebeln
500 g gewürfelte Tomaten
$\frac{1}{2}$ TL getrockneter Estragon
$\frac{1}{2}$ TL getrockneter Oregano
$\frac{1}{2}$ TL getrocknetes Basilikum
$\frac{1}{2}$ TL getrockneter Thymian
1 EL kreolische Gewürzmischung
2 Knoblauchzehen, gehackt
1 TL Tabasco-Soße
Salz und schwarzer Pfeffer

Butter bei mittlerer Hitze in einem großen Topf zerlassen. Übrige Zutaten dazugeben und 1–2 Minuten anschwitzen. Köcheln lassen, bis die Flüssigkeit auf ein Drittel eingekocht ist. Abkühlen lassen. Ergibt ca. 250 ml.

Sauce Béarnaise

4 Eigelb, zimmerwarm, gut verquirlt
3 EL Zitronensaft
2 EL Weißwein, am besten ein Chablis
1 TL fein zerbröselter getrockneter Estragon
225 g Butter, zerlassen
Salz und schwarzer Pfeffer

Eigelb zusammen mit dem Zitronensaft, Wein und Estragon im Wasserbad 3–5 Minuten schlagen, bis die Mischung dick wird. Vom Feuer nehmen und die zerlassene Butter nach und nach unter ständigem Rühren dazugeben. Weiterrühren, bis eine glatte Soße entstanden ist. Mit Salz und Pfeffer abschmecken. Ergibt ca. 375 ml.

Sauce Hollandaise

6 Eigelb, gut verquirlt
290 g Butter, zerlassen
Salz, weißer Pfeffer und Cayennepfeffer
1 EL frischer Zitronensaft

Eigelb und 1$\frac{1}{2}$ EL Wasser in eine Schüssel geben. Im Wasserbad über heißem, aber nicht kochendem Wasser mit dem Schneebesen verrühren. Langsam die Butter dazugeben und aufschlagen, bis die Soße sämig wird. Salz und Pfeffer hinzufügen, dann den Zitronensaft unterrühren. Ergibt ca. 500 ml.

Hühnerbrühe

1 kg Hühnerknochen
110 g gehackte Karotten
90 g gehackte Zwiebeln
60 g gehackter Stangensellerie mit Blättern
$\frac{1}{2}$ Bund frische gehackte Petersilie
1 Prise ganzer Thymian
1 Lorbeerblatt

8 Liter Wasser in einem großen Topf aufkochen und alle Zutaten hineingeben. 1 Stunde köcheln lassen, bis die Flüssigkeit auf die Hälfte eingekocht ist. Brühe abkühlen lassen, Fett abschöpfen und bis zum Gebrauch in den Kühlschrank stellen; hält sich 3 Tage. Ergibt ca. 4 Liter.

Fischbrühe

450 g Fischgräten, gesäubert
100 g gehackte Schalotten
$\frac{1}{2}$ Stange Lauch, gehackt
60 g gehackter Stangensellerie
$\frac{1}{2}$ Bund frische gehackte Petersilie
1 Prise getrockneter Thymian
1 Lorbeerblatt

3 schwarze Pfefferkörner
125 ml Weißwein

3 Liter Wasser in einen Topf geben, alle Zutaten hinzufügen und aufkochen. Hitze reduzieren und 15 Minuten köcheln lassen. Vom Herd nehmen, abschöpfen und durch ein Sieb gießen. Entweder sofort verwenden oder bis zu 3 Tage im Kühlschrank aufbewahren. Ergibt ca. 2½ Liter.

Rinderbrühe

1 kg Rinderknochen
450 g grob gehackte Zwiebeln
225 g Karotten, in Scheiben
170 g gehackter Lauch
140 g gehackter Stangensellerie mit Blättern
1 Bund gehackte frische Petersilie
1 TL getrockneter Thymian
2 Lorbeerblätter
½ Knoblauchknolle, geschält
130 g Tomatenmark
5 schwarze Pfefferkörner

Den Ofen auf 230°C vorheizen. Die Rinderknochen etwa 30 Minuten rösten, bis sie braun sind. 8 Liter Wasser in einen Topf geben, die Knochen und alle anderen Zutaten hinzufügen und aufkochen. Hitze reduzieren und 2–3 Stunden köcheln lassen, dabei ab und zu abschöpfen. Die Brühe durch ein Sieb gießen, wieder in den Topf geben und auf ein Drittel reduzieren. Diese Brühe hält sich 3–4 Tage im Kühlschrank. Ergibt ca. 4 Liter.

Fisch-Velouté

90 g Mehl
60 g Butter
750 ml Fischbrühe (S. 40–41), heiß
125 ml Sahne
Salz und weißer Pfeffer zum Abschmecken
Muskatnuß nach Geschmack

Aus Mehl und Butter in einer mittelgroßen Pfanne ein Roux zubereiten, bis es leicht braun ist; dies dauert etwa 10-12 Minuten. Heiße Fischbrühe dazugeben und einkochen lassen, bis die Flüssigkeit am Löffel haften bleibt. Sahne angießen und 5 Minuten kochen lassen, dann nach Geschmack mit Salz, weißem Pfeffer und Muskatnuß würzen. Durch ein Sieb gießen. Ergibt ca. 500 ml.

Sauce Marchand de Vin

3 EL Butter
3 EL Mehl
90 g gehackte Zwiebel
35 g fein gehackte frische Pilze
1 Tomate, enthäutet, entkernt und gehackt
1 Knoblauchzehe, gehackt
1 Selleriestange, gehackt
2 EL gehackte frische Petersilie
2 Lorbeerblätter
¼ TL getrockneter Thymian
250 ml Rotwein
250 ml Rinderbrühe (auf dieser Seite)
Salz und schwarzer Pfeffer

Butter und Mehl in einer Pfanne zu einem Roux verarbeiten. Kochen lassen, bis das Roux dunkel wird, dann Zwiebeln und Pilze unterrühren. Restliche Zutaten dazugeben und 45 Minuten köcheln lassen. Soße warm stellen. Ergibt ca. 500 ml.

PAIN PERDU & BEIGNETS

PAIN PERDU

Der Name dieses Desserts, das man auch zum Brunch reicht, bedeutet „verlorenes Brot". Die Kreolen verwandelten mit Vorliebe nicht mehr ganz frische Lebensmittel in exquisite Delikatessen, und da es jeden Tag frisches französisches Weißbrot gab, hatte man oft noch trockene Brotreste vom Vortag. *Pain perdu* und auch Brotpudding sind hervorragende Beispiele für das „Recycling" von Speisen. ☺

Pain Perdu (links) und Beignets (rechts).

2 Eier, verquirlt
250 ml Milch
1 EL Zucker
1 Prise Salz
$^1/_4$ TL Vanilleextrakt
6 Scheiben französisches Weißbrot, 1 Tag alt
2 EL Butter
1 EL Pflanzenöl
$^1/_2$ TL Zimt
Puderzucker oder Zuckerrohrsirup

Eier, Milch, Zucker, Salz und Vanille in einer Schüssel gut verrühren. Brotscheiben 2–3 Minuten in diese Mischung legen. Butter und Öl in einer großen Pfanne erhitzen, 1 oder 2 Brotscheiben hineinlegen und auf beiden Seiten goldbraun braten. Mit allen Scheiben so verfahren. Mit Zimt bestreuen. Puderzucker oder Sirup darübergeben und heiß servieren. Ergibt 3-6 Portionen

BEIGNETS ☺☺☺

1 Tasse abgekochte Milch
1 Ei, verquirlt
2 EL Pflanzenöl
2 EL Zucker
1 Päckchen Trockenhefe
3 Tassen Mehl
1 TL Salz
$^1/_2$ TL gemahlener Zimt
$^1/_2$ TL geriebene Muskatnuß
Pflanzenöl zum Fritieren
Puderzucker

Milch und Eier in einer großen Schüssel mit 2 EL Pflanzenöl und Zucker gründlich verrühren. Dann Hefe dazugeben und umrühren, bis sie sich aufgelöst hat. Mehl mit Salz und Gewürzen durchsieben und die Hälfte zur Hefemischung geben. Gut vermengen. Restliches Mehl unterrühren. Einen große Kugel formen, zudecken und ca. 40 Minuten stehen lassen. Kräftig durchkneten, bis der Teig geschmeidig ist.

Teig auf einem bemehlten Brett 2,5 cm dick ausrollen und in 24 x 12 cm große Quadrate schneiden. Zudecken und ca. 45 Minuten stehen lassen.

Friteuse mit Öl füllen (ca. 8 cm) und auf 190 °C erhitzen. Teigquadrate portionsweise hineingeben und goldbraun fritieren, ab und zu wenden. Mit einem Schaumlöffel herausnehmen und auf Küchenpapier abtropfen lassen. Mit Puderzucker bestäuben und heiß servieren. Ergibt 8 Portionen.

EIER HUSSARDE & EIER SARDOU

Brennan's

EIER HUSSARDE

Die Herkunft dieses Gerichts ist ungeklärt. Der Name könnte sich vom französischen Wort *hussard* (Soldat) ableiten. ☺☺☺

250 ml Sauce Hollandaise (S. 40)
250 ml Sauce Marchand de Vin (S. 41)
8 große dünne Scheiben gekochter Schinken
8 Tomatenscheiben, $1/2$ cm dick
2 TL Olivenöl
8 Eier
8 Stücke Zwieback oder getoastete Muffinhälften
Paprikapulver

Eier Sardou ist beim Brunch sehr beliebt.

Grill vorheizen. Sauce Hollandaise im Wasserbad über köchelndem Wasser erwärmen. Sauce Marchand de vin in einem separaten Gefäß bei niedriger Hitze oder in der Mikrowelle erhitzen. Warm stellen.

Schinken auf beiden Seiten im Grill anbräunen, pro Seite etwa 4 Minuten. Herausnehmen und warm stellen. Tomatenscheiben in die Grillpfanne geben, mit Öl bepinseln und ca. 3 Minuten leicht grillen. Beiseite stellen und warm halten.

Nicht mehr als 4 Eier auf einmal in leicht köchelndes Wasser geben und 3–5 Minuten pochieren, bis das Eigelb sich setzt (soll das Eigelb weicher sein, dann nur 3 Minuten pochieren, für härtere Eier 5 Minuten). Mit einem Schaumlöffel aus dem Wasser heben. Mit den anderen vier Eiern ebenso verfahren.

Eine Schinkenscheibe über jede Muffinhälfte legen. Sauce Marchand de Vin darübergeben, jeweils eine Tomatenscheibe und dann ein pochiertes Ei darauf setzen. Mit einem Löffel Sauce Hollandaise überziehen und etwas Paprikapulver als Farbtupfer darauf streuen. Ergibt 4 Portionen.

EIER SARDOU

Dieses Eiergericht ist in New Orleans zum Brunch sehr beliebt. Es wurde nach Victorien Sardou benannt, einem für seine Melodramen bekannten Schriftsteller. Eines davon inspirierte Puccini zu seiner Oper Tosca. ☺☺☺

2 Packungen Rahmspinat (tiefgefroren)
12 frische mittelgroße Artischockenböden, gekocht
12 pochierte Eier
750 ml Sauce Hollandaise (S. 40), warm
Paprikapulver

Heißen Rahmspinat auf 6 Teller verteilen. Jeweils 2 heiße Artischockenböden darauf setzen. Je ein pochiertes Ei auf die Artischocken legen und dieses mit Sauce Hollandaise überziehen. Mit Paprikapulver bestreut servieren. Ergibt 6 Portionen.

SCHMORFLEISCH & MAISGRÜTZE

Brennan's

SCHMORFLEISCH

Ob zum Abendessen, Frühstück, Brunch oder auch zu jeder anderen Gelegenheit: Schmorfleisch schmeckt in New Orleans immer köstlich. Die rötlich-braune Soße, die es dazu gibt, verleiht dem Gericht seine besondere Note. ☉

1 kg Rinder- oder Kalbslende, in 0,5 cm dicke Scheiben geschnitten
Salz und frisch gemahlener schwarzer Pfeffer
4 EL Pflanzenöl
90 g Mehl
1 große Zwiebel, in dünne Scheiben geschnitten
3 Knoblauchzehen, gehackt
1 kleine grüne Paprikaschote, fein gehackt
260 g gehackte Tomaten
2 EL gehackte frische Petersilie
$1/_8$ TL getrockneter Thymian
Tabasco-Soße zum Abschmecken

Maisgrütze (rechts) und Schmorfleisch (links) im Hof des Brennan's.

Fleisch in ca. 7 cm große Quadrate schneiden. Salzen und pfeffern, dann mit Mehl bestäuben und etwas abschütteln. 2 EL des Öls in einer gußeisernen Pfanne bei mittlerer Hitze erhitzen und Fleisch ca. 3 Minuten auf jeder Seite leicht anbräunen. Auf Küchenpapier abtropfen lassen.

In derselben Pfanne aus 2 EL Mehl und den restlichen 2 EL Öl in 20–25 Minuten ein dunkles *Roux* zubereiten. $1^1/_2$ Tassen Wasser angießen, dann Zwiebeln, Knoblauch, Paprika, Tomaten, 1 EL Petersilie, Thymian und Tabasco-Soße hinzufügen und etwa 15 Minuten köcheln lassen, bis die Flüssigkeit sämig wird.

Fleisch wieder in die Pfanne legen und zugedeckt kochen, bis es durch ist. Dies dauert etwa 45 Minuten beim Kalbfleisch und 1 Stunde beim Rindfleisch. Häufig umrühren. Fleisch und Soße auf heißer Grütze anrichten und mit der restlichen Petersilie garnieren. Ergibt 6 Portionen.

MAISGRÜTZE ☉

1 TL Salz
225 g Grütze
4 EL Butter

$1^1/_4$ Liter Wasser und Salz in einem mittelgroßen Topf aufkochen, dann nach und nach die Grütze einrieseln lassen, dabei ständig umrühren. Hitze reduzieren und etwa 5–10 Minuten köcheln lassen, bis die Mischung sämig wird. Butter hinzufügen und umrühren, bis sie geschmolzen ist. Ergibt 6 Portionen.

SÜSSWASSERKREBSE MIT PIKANTEM AIOLI UND TOMATEN & ZIEGENKÄSE IN BLÄTTERTEIG

Dominique Macquet, Dominique's

SÜSSWASSERKREBSE MIT PIKANTEM AIOLI UND TOMATEN ☺☺

4 Lauchstangen mit Blättern, gehackt
1 EL Butter
400 g geschälte Krebsschwänze, ohne Flüssigkeit
1 rote Paprikaschote, gewürfelt
1–2 TL Chilipulver
2 Selleriestangen, gewürfelt
1 große Dill-Essiggurke, gewürfelt
1 mittelgroße rote Zwiebel, in dünnen Scheiben
$\frac{1}{2}$ EL gewürfelte Selleriewurzel
1 TL Paprikapulver
1 TL granulierter Knoblauch
3 EL Mayonnaise, selbstgemacht
1 Eigelb
1 EL frischer Zitronensaft
250 ml Erdnußöl
8 Scheiben reife Tomaten oder Knoblauchtoast

Lauch bei mittlerer Hitze etwa 8 Minuten goldgelb anbraten. Dann die Krebsschwänze und die Paprikaschote unterrühren. Ca. 10 Minuten anschwitzen, bis die Flüssigkeit verdampft ist. Chilipulver unterrühren, vom Herd nehmen, auskühlen lassen.

Sellerie, Essiggurke, Zwiebeln, Selleriewurzel, Paprikapulver, Knoblauch, Mayonnaise, Eigelb und Zitronensaft im Mixer vermischen. Bei laufendem Motor Öl langsam dazugeben. Krebsmischung unterheben. Auf Tomatenscheiben oder Knoblauchtoast oder auf beidem anrichten. Ergibt 6 Portionen.

ZIEGENKÄSE IN BLÄTTERTEIG ☺☺☺

10 weiße Zwiebeln
310 g Ziegenkäse
500 ml Balsamico-Essig
250 ml Honig
2 TL gehackter frischer Thymian
4 Scheiben Blätterteig, 4 EL zerlassene Butter

Einen Tag im voraus die Zwiebeln in Scheiben schneiden, in eine große Pfanne geben und im eigenen Saft 4 Stunden bei niedriger Hitze schmoren lassen, ab und zu umrühren. Abkühlen lassen. Am nächsten Tag Ziegenkäse in 6 Portionen aufteilen. Die Zwiebeln bei niedriger Hitze weitere 2 Stunden schmoren, bis sie weich sind, dann 250 ml Essig und 125 ml Honig hinzufügen. Zu siruppartiger Konsistenz einkochen, dann abkühlen lassen. Gehackten Thymian dazugeben.

Teig aufeinander schichten, jede Lage mit Butter einpinseln. Stapel in 6 gleich große Portionen schneiden. Ein Stück Ziegenkäse in die Mitte jeder Portion setzen. Etwa 1 EL der karamelisierten Zwiebeln daraufsetzen und Teig darüberschlagen. Ecken oben zusammendrücken.

Ofen auf 150°C vorheizen und die Teigtaschen 5–6 Minuten goldbraun backen. Restlichen Honig im verbleibenden Essig auflösen und über die Taschen träufeln. Ergibt 6 Portionen.

Ziegenkäse in Blätterteig (links) und Süßwasserkrebse mit pikantem Aioli und Tomaten (rechts).

KREBS-BEIGNETS & KREBSE A LA CARDINAL

KREBS-BEIGNETS

Diese würzigen Leckerbissen erinnern an die fritierten Muscheln der Karibik. Manchmal wird New Orleans sogar als die „nördlichste Karibikinsel" bezeichnet. ⏱⏱

110 g Mehl
1 TL Backpulver
250 ml Wasser
2 TL gehackter Knoblauch
90 g gehackte, eingelegte rote Paprika
3 Frühlingszwiebeln, gehackt
8 Tropfen Tabasco-Soße
1 Prise Salz
250 g gekochte Flußkrebsschwänze
Pflanzenöl zum Fritieren
Zitronenschnitze

Krebs-Beignets (links) und Krebse à la Cardinal (right).

Alle Zutaten, bis auf das Öl und die Zitronenschnitze, der Reihe nach in eine Schüssel geben. Mit einem feuchten Tuch zudecken und 30 Minuten stehen lassen.

Öl in einer Friteuse oder einer tiefen Pfanne auf 190°C erhitzen. Beignet-Teig mit Krebsschwänzen löffelweise ins Öl gleiten lassen und ca. 5–6 Minuten goldbraun fritieren. Jeweils nur ein paar Stücke auf einmal fritieren. Abtropfen lassen und heiß servieren; jeden Teller mit einem Zitronenschnitz garnieren. Ergibt 4–6 Portionen.

KREBSE A LA CARDINAL

Der Name dieses Gerichts spielt auf die Soße an, die so rot ist, daß man an die Robe eines Kardinals erinnert wird. Die Soße schmeckt auch hervorragend zu Garnelen, Krebsfleisch oder Austern. ⏱

3 EL Butter
3 EL Mehl
2 EL gehackte Frühlingszwiebel
60 ml Weißwein
250 ml Milch
1 EL Tomatenmark
Salz, gemahlener weißer Pfeffer und Cayennepfeffer nach Geschmack
680 g geschälte Flußkrebsschwänze
Brotcroutons

Butter und Mehl in einer großen Pfanne ca. 2 Minuten verrühren. Dann Zwiebeln, Wein und Milch dazugeben. Köcheln lassen. Tomatenmark, Pfeffer und Chili hinzufügen und zum Schluß die Krebsschwänze hineinlegen. 10 Minuten köcheln lassen.

Zum Servieren Krebsschwänze und Soße in kleinen Schalen anrichten und mit Croutons garnieren. Ergibt 6 Portionen.

GEBACKENE AUSTERN

Arnaud's

In New Orleans beginnt eine Mahlzeit häufig mit gebackenen Austern. Die Zubereitung ist immer dieselbe: Soße vorbereiten, Ofen auf 200°C vorheizen, Soße über die rohen Austern in der halben Muschelschale geben und 7–10 Minuten im Ofen backen, bis die Soße gut warm und goldgelb ist.

Sehr dekorativ wirken die Austern, wenn man je 6 Stück auf runde Teller setzt, die mit Hagelsalz bestreut wurden, dann die Soße über die Austern gibt und sie im Ofen bäckt. Die folgenden Rezepte ergeben jeweils eine Soße für 36 Austern.

Die überbackenen Austern (links) und die frischen Austern (rechts) werden auf französischen Trompe l'oeil-Tellern aus dem Jahre 1870 serviert. Solche Teller waren in viktorianischer Zeit sehr beliebt, und es wurden sogar Teller für bestimmte Austernsorten kreiert.

OHAN-SOSSE ☻

315 ml Olivenöl
2 kg Auberginen (3 große), geschält, gewürfelt
45 g gehackte Frühlingszwiebeln
1 EL getrockneter Thymian
1 TL getrockneter Majoran
1 TL getrockneter Oregano
3 Lorbeerblätter
520 g gewürfelte Tomaten, nicht abgetropft
1 TL gehackter Knoblauch
5 EL gehackte frische Petersilie
Salz und Pfeffer

Bei starker Hitze Öl in einem Topf erhitzen. Auberginen 7 Minuten darin anschwitzen. Frühlingszwiebeln, Thymian, Majoran, Oregano und Lorbeerblätter dazugeben und 4 Minuten anschwitzen.

Gewürfelte Tomaten hinzufügen, aufkochen und dann 3 Minuten köcheln lassen. Knoblauch und gehackte Petersilie unterrühren und weitere 5 Minuten kochen. Mit Salz und Pfeffer abschmecken.

Lorbeerblätter entfernen. Mischung ganz abkühlen lassen, bevor man sie auf die Austern gibt, und dann wie oben angegeben im Ofen backen.

KATHRYN-SOSSE ☻

170 g Butter
400 g fein gehackte weiße Zwiebeln
385 g fein gehackter Stangensellerie
Artischockenböden oder -herzen, gekocht und fein gehackt
2 Lorbeerblätter
Cayennepfeffer
175 ml Sherry
750 ml Fisch-Velouté (S. 41)
125 g ungewürzte trockene Brotbrösel
Salz und weißer Pfeffer

Butter bei großer Hitze in einem Topf zerlassen, Zwiebeln und Sellerie dazugeben und ca. 5 Minuten anschwitzen, bis sie glasig sind. Artischocken, Lorbeerblätter und Cayennepfeffer nach Geschmack hinzufügen, dann den Sherry angießen. Fisch-Velouté unterrühren und aufkochen.

Hitze reduzieren und 4 Minuten köcheln lassen, dann Brotbrösel hinzufügen und solange rühren,

bis die Mischung sämig wird. Mit Salz und weißem Pfeffer abschmecken und die Lorbeerblätter entfernen. Ganz abkühlen lassen, über die Austern geben und wie oben angegeben im Ofen backen.

SUZETTE-SOSSE 🕑

140 g Butter
6 Scheiben roher Schinken, gehackt
130 g fein gehackter Stangensellerie
325 g fein gehackte Frühlingszwiebeln
2 EL fein gehackte frische Petersilie
450 g gehackte, rote eingelegte Paprika
2 Lorbeerblätter
1 Prise getrockneter ganzer Thymian
Cayennepfeffer nach Geschmack
6 EL Brandy
1¼ l Fisch-Velouté (S. 41)
Salz und weißer Pfeffer

Butter bei großer Hitze in einem Topf zerlassen. Schinken darin 2 Minuten anschwitzen, dann Gemüse, Kräuter und Cayennepfeffer dazugeben. 3 Minuten kochen, dann Brandy und Fisch-Velouté hinzufügen. 2 Minuten kochen, Hitze reduzieren und 2 Minuten köcheln lassen.

Mit Salz und weißem Pfeffer abschmecken. Lorbeerblätter entfernen. Erst abkühlen lassen, dann auf die Austern geben und im Ofen backen.

AUSTERN ROCKEFELLER-ART

Dieses Gericht aus dem Antoine's erhielt seinen Namen, weil die Soße so reichhaltig ist, daß sie selbst einem Rockefeller gerecht wird. Das Antoine's hält sein Rezept geheim, aber hier ist eine Variante, die wohl ziemlich ähnlich ist. 🕑

250 g Spinat
1 Bund Stangensellerie
1 Bund Frühlingszwiebeln
1 Fenchelknolle
1 Bund Petersilie
570 g Butter
4 EL Worcestersoße
2 EL Pernod
Salz, schwarzer Pfeffer und Cayennepfeffer

Spinat, Sellerie, Frühlingszwiebeln, Fenchel und Petersilie sehr fein hacken, dann Butter zerlassen und die Gemüse darin anschwitzen. Flüssige Zutaten unterrühren und nach Geschmack mit Salz, Pfeffer und Cayennepfeffer abschmecken.

Ofen vorheizen. Je 6 Austern auf mit Hagelsalz bestreute Teller setzen und die Gemüsemischung darübergeben. 5–6 Minuten in den Ofen stellen, bis sie durchgewärmt sind. Sofort servieren. Ergibt 6 Portionen.

Austern mit ihrer Flüssigkeit ca. 5 Minuten pochieren, bis sie aufgehen und fest werden. Abseihen und beiseite stellen; Kochflüssigkeit aufheben. Butter in einem Topf zerlassen, Mehl einrühren, Mischung ca. 2 Minuten kochen, bis sie schaumig wird. Wein und Frühlingszwiebeln dazugeben, aufkochen und die Austernflüssigkeit hinzufügen. Gehackte Petersilie unterrühren und nach Geschmack würzen; dann bei niedriger Hitze 15 Minuten köcheln lassen. Austern und Krebsfleisch vorsichtig unterheben, das Krebsfleisch soll nicht auseinanderfallen.

Ofen auf 200°C vorheizen. Mischung in eine feuerfeste Form geben. Käse und Brotbrösel vermengen und über die Mischung streuen. Ca. 10 Minuten im Ofen backen, bis der Käse geschmolzen und die Oberfläche leicht braun ist. Ergibt 8 Portionen.

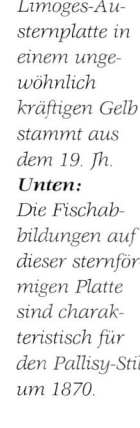

Links: Diese Limoges-Austernplatte in einem ungewöhnlich kräftigen Gelb stammt aus dem 19. Jh.
Unten: *Die Fischabbildungen auf dieser sternförmigen Platte sind charakteristisch für den Pallisy-Stil um 1870.*

AUSTERN BONNE FEMME

Es gibt mehrere Variationen dieses Rezeptes. Das hier aufgeführte wurde von Antoine's entwickelt und weicht von der klassischen Version etwas ab. Aber eines ist sicher: Sie werden der guten Frau (oder dem guten Mann) danken, die dieses Gericht für Sie zubereitet. ⏱

3 **Dutzend rohe Austern in der Schale, mit Flüssigkeit**
3 **EL Butter**
3 **EL Mehl**
125 **ml trockener Weißwein**
45 **g gehackte Frühlingszwiebeln**
1 **EL frisch gehackte Petersilie**
Salz und gemahlener weißer Pfeffer
110 **g Krebsfleisch**
3 **EL geriebener Schweizer Käse**
3 **EL geriebener Romano-Käse**
30 **g trockene Brotbrösel**

VORSPEISEN

MIT AUSTERN GEFÜLLTE ARTISCHOCKEN & KREBSFLEISCH-RAVIGOTE

MIT AUSTERN GEFÜLLTE ARTISCHOCKEN

Bei diesem Gericht macht sich der sizilianische Einfluß bemerkbar. Einfach zuzubereiten. ② ②

1 EL Butter
4 Frühlingszwiebeln, gehackt
2 EL Mehl
2 Dutzend Austern
250 ml Austernflüssigkeit
6 frische Artischockenherzen, in dünne Scheiben geschnitten
2–3 TL frischer Zitronensaft
Salz und schwarzer Pfeffer
4 ganze frische Artischocken
25 g Parmesankäse

Die ganzen Artischocken vorbereiten. Das obere Viertel der Blätter abschneiden und die unterste Blattreihe abzupfen. Stiel so abschneiden, daß die Artischocke steht. Alle Schnittstellen mit einem Zitronenschnitz einreiben. Die ganzen Artischocken 45 Minuten dämpfen, bis sie weich sind. Abtropfen und abkühlen lassen. Sobald man sie anfassen kann, die Blätter vorsichtig aufbiegen und die inneren Blätter und das Heu entfernen.

Während die Artischocken kochen, Butter in einer großen Pfanne zerlassen, Frühlingszwiebeln dazugeben und anschwitzen. Mehl unterrühren, bis es glatt ist, Austern, Austernflüssigkeit, Artischok-kenherzen und Zitronensaft hinzufügen. Mit Salz und Pfeffer abschmecken. 10 Minuten köcheln, bis die Soße sämig wird und die Herzen zart sind.

Grill vorheizen. Artischocken- und Austernmischung in die vorbereiteten Artischocken geben, mit Käse bestreuen und ca. 5 Minuten grillen, bis der Käse goldbraun wird. Ergibt 4 Portionen.

KREBSFLEISCH-RAVIGOTE

Im Namen dieses Rezeptes steckt das französische Verb *ravigoter* (stärken). Dieses Rezept aus New Orleans unterscheidet sich wesentlich von den französischen Ravigote-Soßen. ①

250 ml Mayonnaise
1½ EL gehackte, grüne Paprikaschoten
1½ gehackte Frühlingszwiebeln
1½ EL gehackte Anchovis
1½ EL gehackte, eingelegte rote Paprikaschoten
510 g Krebsfleisch
In Streifen geschnittener Salat

Alle Zutaten bis auf das Krebsfleisch und den Salat in einer Schüssel vermischen und in den Kühlschrank stellen. Krebsfleisch vorsichtig unter die gekühlte Soße heben. Mischung im Kühlschrank durchziehen lassen. Auf den Salatstreifen servieren. Ergibt 6 Portionen.

GARNELEN UND TASSO MIT FÜNF-FARBEN-GELEE

Jamie Shannon, Commander's Palace

Bei dieser Vorspeise wird das pfeffrige Aroma der Louisiana-Pfeffersoße mit dem kräftigen süßen Geschmack des Gelees kombiniert. ☺☺

Fünf-Farben-Gelee
- 6 EL Honig
- 190 ml weißer Essig
- Je 1 rote, gelbe und grüne Paprikaschote, gewürfelt
- 1 Jalapeño-Chilischote, gewürfelt
- $\frac{1}{4}$ TL gemahlener schwarzer Pfeffer
- Salz

Crystal Beurre Blanc
- $\frac{1}{4}$ TL zerhackter Knoblauch
- $\frac{1}{4}$ TL gehackte Schalotten
- 2 TL Pflanzenöl
- 10 EL Crystal Hot Sauce oder eine andere scharfe Louisiana-Soße
- 4 EL Sahne
- 680 g weiche Butter

- 36 Riesengarnelen, geschält und ohne Innereien
- 225 g Tasso, in Juliennestreifen geschnitten
- 110 g Mehl, mit Salz und Pfeffer abgeschmeckt
- Pflanzenöl
- 36 eingelegte Okraschoten

Für das **Fünf-Farben-Gelee** Honig und Essig in einen Topf geben und bei mittlerer Hitze ca. 5 Minuten einkochen lassen, bis es klebrig wird. Restliche Zutaten dazugeben und 3–4 Minuten kochen, bis die Paprika weich sind. Mit Salz abschmecken.

Für die **Crystal Beurre Blanc** Knoblauch und Schalotten im Pflanzenöl anschwitzen. Scharfe Soße dazugeben und auf ein Viertel einkochen lassen, dann Sahne hinzufügen und die Flüssigkeit nochmals um die Hälfte reduzieren. Butter nach und nach unterrühren.

Auf dem Rücken jeder Garnele einen 0,5 cm tiefen Einschnitt machen und jeweils einen Streifen Tasso hineinstecken. Mit einem Zahnstocher fixieren. Jede Garnele mit etwas gewürztem Mehl bestäuben. In eine große Pfanne etwa 5 cm hoch Öl füllen und erhitzen; Garnelen darin goldbraun fritieren.

Die Garnelen dann in einer Schüssel mit der Beurre Blanc überziehen. Fünf-Farben-Gelee auf den Boden einer kleinen Platte legen und Garnelen und eingelegte Okraschoten darauf anrichten. Ergibt 8 Portionen.

GARNELEN BAYOU LAFOURCHE

Andrea Apuzzo, Andrea's Restaurant

Dieses Rezept ist ein köstliches Beispiel dafür, was ein auf Capri geborener und in Europa ausgebildeter Koch, der New Orleans zu seiner Wahlheimat gemacht hat, aus den besten Garnelen der Welt zaubern kann. ✺

2 EL Olivenöl, extra vergine
4 TL gehackte Schalotten
2 TL gehackter Knoblauch
1 TL zerstoßene rote Chilischote
24 mittelgroße Garnelen, geschält, ohne In-
    nereien, aber mit Schwanz
3 EL Brandy
125 ml trockener Weißwein
$\frac{1}{2}$ TL Worcestersoße
Saft einer Zitrone
1 TL frische Rosmarinblätter
$\frac{1}{2}$ TL Salz
$\frac{1}{4}$ TL gemahlener weißer Pfeffer
Cayennepfeffer
4 EL weiche Butter
4 Zitronenschnitze zum Garnieren

Olivenöl bei mittlerer Hitze in einer großen Pfanne erhitzen und Schalotten, Knoblauch und zerstoßene Chili ca. 3 Minuten darin anschwitzen, bis die Schalotten glasig werden. Garnelen dazugeben und ca. 3 Minuten kochen, bis sie leicht rosa werden, dabei einmal wenden. Brandy angießen, Garnelen herausnehmen und warm stellen.

Alle anderen Zutaten, bis auf die Butter, in die Pfanne geben und ca. 10 Minuten köcheln lassen, bis die Soße auf ein Drittel eingekocht ist. Butter unterrühren. Garnelen wieder in die Pfanne geben und weitere 3–4 Minuten kochen, so daß sie gut mit der Soße überzogen werden. Mit Zitronenschnitzen garnieren und servieren. Ergibt 4 Portionen.

GARNELEN MIT REMOULADENSOSSE

Die Remoulade zu diesem Gericht wird in New Orleans in zwei Farben hergestellt, und beide Versionen sind Lichtjahre von den beiden in Frankreich üblichen Sorten, der weißen und der grünen Remoulade, entfernt. Bei diesem Rezept wird der roten Version der Vorzug gegeben; ausschlaggebend ist aber auf alle Fälle der kreolische Senf. ② ②

1 kg frische mittelgroße Garnelen in der Schale
1 große Knoblauchzehe, zerstoßen
1 TL schwarze Pfefferkörner, zerstoßen
1 TL Salz

Remouladensoße
2 EL kreolischer Senf
1 EL Rotweinessig
Salz und Pfeffer nach Geschmack
250 ml Olivenöl
1 EL Paprikapulver
60 g fein gehackter Stangensellerie
105 g gehackte Frühlingszwiebeln
1 TL gehackter Knoblauch
7 g frisch gehackte Petersilie
2 EL frisch geriebener Meerrettich
$\frac{1}{8}$ TL Cayennepfeffer
2 EL Zitronensaft

Romanosalat, zerpflückt
8 Tomatenscheiben
Zitronenschnitze
Schwarze Oliven

Garnelen in einen Topf geben und mit Wasser auffüllen, so daß sie bedeckt sind. Knoblauch, Pfefferkörner und Salz hinzufügen. Langsam bei mittlerer Hitze zum Kochen bringen. Etwa 1 Minute köcheln lassen, vom Herd nehmen, abtropfen und abkühlen lassen. Schalen und Innereien entfernen.

Für die **Remoulade** Senf, Essig und Salz und Pfeffer nach Geschmack in einer Schüssel mit einem Schneebesen verrühren. Nach und nach das Olivenöl hinzufügen, dabei ständig rühren. Dann die restlichen Zutaten unterziehen. Remoulade mit den geschälten Garnelen vermischen und mindestens 1 Stunde, noch besser über Nacht in den Kühlschrank stellen.

Vor dem Servieren Salat und Tomatenscheiben auf 8 Teller verteilen. Garnelen mit Remouladensoße auf den Salat geben und mit Zitronenschnitzen und schwarzen Oliven garnieren. Ergibt 8 Portionen.

GUMBO MIT HÜHNCHEN UND ANDOUILLE

Im Hinterland, weitab von der Küste, ist Gumbo mit Hühnchen entstanden. Es kann durchaus mit den besten Meeresfrüchte-Gumbos konkurrieren. Bei dem hier beschriebenen köstlichen Hühnchen-Gumbo wird die würzige Andouille-Wurst verwendet. Dieses Gericht wird manchmal auch Gumbo Ya-Ya genannt. ☉☉

1 Huhn (2$\frac{1}{2}$ kg), in 10 Stücke geschnitten
Salz, Cayennepfeffer und Knoblauchpulver
280 g Mehl
250 ml Pflanzenöl
340 g gehackte Zwiebeln
170 g gehackter Stangensellerie
1$\frac{1}{2}$ TL gehackter Knoblauch
340 g Tassen gehackte grüne Paprikaschoten
1$\frac{1}{2}$ l Hühnerbrühe (S. 40)
450 g Andouille-Wurst (oder jede andere geräucherte Wurst), gehackt
Heißer weißer Reis

Hühnerstücke mit Salz, Cayennepfeffer und Knoblauchpulver würzen; 30 Minuten bei Zimmertemperatur durchziehen lassen. Mehl in eine große Papiertüte geben, Hühnchen hineinlegen und gut schütteln, bis es mit Mehl überzogen ist. Das Mehl aufheben.

1 Tasse heißes Öl in eine Pfanne geben und Hühnerstücke darin anbraten. Herausnehmen und ab-kühlen lassen, dann Knochen auslösen, das Fleisch in Stücke schneiden und beiseite stellen.

Mit dem Schneebesen den braunen Bratsatz vom Boden der Pfanne lösen, dann 1 Tasse des Mehls einrühren. Etwa 10–15 Minuten bei mittlerer Hitze ständig umrühren, bis das *Roux* dunkelbraun ist.

Vom Herd nehmen und gehackte Gemüse dazugeben, dabei kräftig rühren, damit das *Roux* nicht dunkler wird, während die Gemüse ca. 5 Minuten kochen. Mischung in einen großen Topf umschütten, Hühnerbrühe dazugießen und aufkochen. Hitze stark reduzieren und Wurst und Fleischstücke hinzufügen. 45 Minuten bei niedriger Hitze köcheln lassen.

Mit Salz und Pfeffer abschmecken. In Suppenschalen auf gedämpftem weißem Reis servieren. Ergibt 8 Portionen.

Gumbo mit Hühnchen und Andouille (links) und Krebssuppe (rechts, ohne Rezept).

MEERESFRÜCHTE-GUMBO

Commander's Palace

Gumbo ist von dem afrikanischen Wort *gombo* abgeleitet, das Okra bedeutet. Die Choctaw-Indianer verwendeten zerstoßene Sassafras-Blätter *(filé)* statt der Okraschoten als Bindemittel. ⏱

Roux
> 175 ml Pflanzenöl
> 90 g Mehl, durchgesiebt

> 4 große Zwiebeln, gewürfelt
> 1 mittelgroßes Bündel Stangensellerie, gewaschen und gewürfelt
> 4 grüne Paprikaschoten, gewürfelt
> 12 Knoblauchzehen, zerdrückt
> 1 TL Cayennepfeffer oder 5 frische Cayenneschoten, gewürfelt
> 1 Prise Oregano
> 1 Prise Basilikum
> 1 Prise Thymian
> 4 Lorbeerblätter
> Salz und schwarzer Pfeffer
> 2 l Fischbrühe (S. 40) oder kaltes Wasser
> 675 g Gumbo-Krebse (harter Rückenpanzer und Lungen entfernt, halbiert, Scheren mit einem Messerrücken aufgebrochen)
> 450 g Andouille-Wurst, in 0,5 cm dicke Scheiben geschnitten oder jede andere würzige, geräucherte Wurst
> 450 g Okraschoten, in Scheiben geschnitten
> 450 g geschälte mittelgroße Garnelen
> 36 Austern ohne Schale, mit Flüssigkeit
> Scharfe Louisiana-Soße

Öl in einen großen Topf geben und ca. 5 Minuten bei großer Hitze erhitzen, bis es raucht. Langsam, unter ständigem Umrühren Mehl unterrühren, bis die Mischung nach 3-5 Minuten schokoladenbraun wird.

Sobald das *Roux* die richtige Farbe hat, Zwiebeln dazugeben und 1 Minute kochen, dann Sellerie hinzufügen. 30 Sekunden kochen, nun Paprika unterrühren. Die Mischung sollte angenehm duften.

Sobald die Paprika weich sind, Knoblauch, Cayennepfeffer, Oregano, Basilikum, Thymian und Lorbeerblätter dazugeben. Mit etwas Salz und schwarzem Pfeffer abschmecken.

Fischbrühe unter ständigem Rühren dazugießen. Dann Krebse, Wurst und Okra hinzufügen. Aufkochen, Hitze reduzieren und etwa 1 Stunde köcheln. Immer wieder abschöpfen. Nach einer Stunde sieht das Krebsfleisch wie weiße Schnüre aus, dann die Garnelen dazugeben und 10 Minuten kochen. Austern mit Flüssigkeit unterrühren und Gumbo aufkochen lassen. Mit einer Louisiana-Soße, Salz und schwarzem Pfeffer abschmecken.

Gumbo auf lockerem weißem Reis anrichten. Ergibt als Vorspeise 12 Portionen.

SCHILDKRÖTENSUPPE

Grundlage für diese Suppe ist durchgedrehtes Schildkrötenfleisch, das es auf vielen Fleischmärkten in New Orleans zu kaufen gibt. Durchgedrehtes Kalbfleisch kann aber ebenso gut verwendet werden. ☉

60 g Salz
340 g frisches oder eingefrorenes Schildkröten-
**   fleisch oder Kalbfleisch**
1½ l Hühnerbrühe (S. 40) oder Kalb-
**   fleischbrühe**
2 Knoblauchzehen, gehackt
2 Lorbeerblätter
1 Prise getrockneter Thymian
3 EL Tomatenmark
60 g gehackter Stangensellerie
105 g gehackte Frühlingszwiebeln
90 g gehackte Zwiebeln
1 EL frisch gehackte Petersilie
1 Zitrone, in 2 Hälften geschnitten
3–3½ EL Sherry
2 Eier, hartgekocht und gehackt
Salz und weißer Pfeffer
2 EL Roux (wahlweise)

4 Liter Wasser mit Salz in einem großen Topf aufkochen und Schildkrötenfleisch 45 Minuten darin köcheln lassen. Wasser abgießen und Fleisch grob hacken. Beiseite stellen.

Hühnerbrühe, Knoblauch, Lorbeerblätter und Thymian in einem großen Topf zum Kochen bringen. Tomatenmark, Gemüse, Petersilie und Zitrone dazugeben. Erneut aufkochen, dann Hitze reduzieren und 10 Minuten köcheln lassen. Fleisch und Sherry hinzufügen, erneut aufkochen, dann Hitze reduzieren und 5 Minuten köcheln lassen. Zitrone entfernen.

Eier unterheben. Mit Salz und Pfeffer abschmecken. Wahlweise mit etwas Roux eindicken. In Suppenschalen servieren. Eventuell noch einen letzten Spritzer Sherry (ca. ½ EL) dazugeben. Ergibt 6 Portionen.

Tip: Wird Kalbfleisch als Ersatz verwendet ist es nicht nötig, das Fleisch mit Wasser und Salz zu kochen. Stattdessen sollten Sie das Fleisch beigeben, wenn der Sherry in die Brühe kommt. Die Suppe sieden lassen, bis das Fleisch zart ist (etwa 25 Minuten), dann die Eier hinzufügen.

HUMMERSUPPE

Sazerac Restaurant, Fairmont Hotel

Dieses klassische, französische Rezept ist seit Jahrzehnten eines der Traditionsgerichte des Sazerac Restaurants im Fairmont Hotel. Es ist äußerst sättigend – das gilt es zu bedenken, wenn man ein mehrgängiges Menu bestellen möchte. Im Restaurant wird die Suppe am Tisch immer noch mit einem Schuß Cognac versehen. ⓪⓪

225 g Butter
8 Hummerschalen
8 Zwiebeln
Kraut von 4 Fenchelknollen
1 Selleriestange
1 Liter Weißwein
500 ml Brandy
500 ml Tomatenmark
90 g weiße Pfefferkörner

Roux
90 g Mehl
6 EL Pflanzenöl oder Butter

Gekochte Hummerschwänze
Schlagsahne
Cognac (wahlweise)

Hummersuppe, eines der berühmten Gerichte des Sazerac.

Für die Hummerbrühe Butter in einem großen Topf zerlassen. Hummerschalen dazugeben und 15 Minuten anbraten, dann Gemüse, Wein, Brandy, Tomatenmark und Pfefferkörner hinzufügen. Etwa 5 Minuten rühren, dann mit Wasser bedecken (etwa 1–2 Tassen) und 3 Stunden köcheln. Abkühlen lassen und abseihen.

Mehl und Öl in einer gußeisernen Pfanne zu einem hellen *Roux* verarbeiten und bei niedriger Hitze etwa 10–12 Minuten kochen, bis es hellbraun ist.

Hummerbrühe erhitzen und *Roux* einrühren. Hummerfleisch hacken. Brühe in Suppenschalen servieren, mit Hummerstückchen und einem Sahnehäubchen garnieren und wahlweise etwas Cognac dazugeben. Ergibt 6 Portionen.

AUSTERNSUPPE

Arnaud's

In klassischen kreolischen Restaurants steht dieses Gericht womöglich als „Austern in Sahne gekocht" auf der Speisekarte, aber im Grunde ist es eine einfache, herzhafte, wärmende Suppe aus den fleischigen und salzigen Austern Louisianas. 🕐

36 Austern
1 l Milch
1 l Sahne
2 EL Butter
Salz und schwarzer Pfeffer
Gehackte frische Petersilie

Austern aus der Schale nehmen, dabei aber die Flüssigkeit in den Schalen lassen. Milch und Sahne in einem mittelgroßen Topf vermischen und bis kurz vor dem Siedepunkt erhitzen. Austern und ihre Flüssigkeit dazugeben und mit Salz und Pfeffer abschmecken. 5 Minuten köcheln lassen.

Vor dem Servieren Austernsuppe auf 6 Suppenschalen verteilen. Mit gehackter Petersilie und etwas frisch gemahlenem schwarzem Pfeffer garnieren. Ergibt 6 Portionen.

AUSTERN-ARTISCHOCKEN-SUPPE

Dieses traditionelle Rezept ist aus der Küche New Orleans einfach nicht mehr wegzudenken. Berühmt wurde es durch den Chefkoch Warren Le Ruth. Die samtige Konsistenz dieser aromatischen Suppe ist beinahe schon legendär. ☉

2 große Artischocken
15 Austern mit ihrer Flüssigkeit
2 Lorbeerblätter
2 EL Butter
105 g gehackte Frühlingszwiebeln
2 Knoblauchzehen, gehackt
4 EL Mehl
$\frac{1}{4}$ TL gemahlener Thymian
1 TL Salz
Gemahlener weißer Pfeffer
2 EL Zitronensaft
Gehackte frische Petersilie

Artischocken mit Salzwasser bedecken, aufkochen und ca. 30 Minuten kochen, bis sie weich sind. Aus dem Wasser nehmen und abkühlen lassen. Blätter abzupfen. Böden in Scheiben schneiden und beiseite stellen.

5 Tassen Wasser in einem großen Topf aufkochen, dann Austern mit ihrer Flüssigkeit und die Lorbeerblätter dazugeben. Bei niedriger Hitze etwa 20 Minuten köcheln lassen.

Butter in einem separaten Topf zerlassen, Frühlingszwiebeln hinzufügen und ca. 3 Minuten anschwitzen, bis sie weich sind. Zerdrückten Knoblauch und dann das Mehl gründlich unterrühren. Mit Brühe aufgießen und die köchelnden Austern dazugeben. Bei mittlerer Hitze weiterrühren, bis die Suppe sämig wird.

3 Austern herausnehmen und fein hacken, dann wieder in den Topf geben; anschließend auch die in Scheiben geschnittenen Artischockenböden hineingeben. Zitronensaft dazugießen und die Suppe mit Petersilie bestreuen. Weitere 10 Minuten köcheln lassen. Ergibt 6 Portionen.

JAMBALAYA & MAQUE CHOUX

JAMBALAYA

Jambalaya ist ein Grundrezept, das es ermöglicht, alle Lebensmittel, die im Kühlschrank verderben könnten, zu verarbeiten. Es gibt deshalb keine zwei identischen Rezepte. ⊘⊘

> **1 kg Schinken, gewürfelt**
> **1 kg geräucherte Wurst, in 6 mm dicke**
>   **Scheiben geschnitten**
> **1 große Zwiebel, gehackt**
> **90 g gehackte grüne Paprikaschoten**
> **$\frac{1}{2}$ Bund gehackte frische Petersilie**
> **2 Selleriestangen, gehackt**
> **5 Knoblauchzehen, gehackt**
> **3 reife Tomaten, gehackt**
> **1 TL getrockneter Thymian**
> **2 Lorbeerblätter**
> **Salz und schwarzer Pfeffer**
> **400 g ungekochter Langkornreis**

Schinken und Wurst in einer gußeisernen Pfanne mit fest sitzendem Deckel anbräunen, dann überschüssiges Fett wegschütten. Zwiebeln dazugeben und bei mittlerer Hitze ca. 3 Minuten rühren, bis sie glasig sind. Grüne Paprika, Petersilie, Sellerie, Knoblauch, Tomaten, Thymian und Lorbeerblätter hinzufügen. Mit Salz und Pfeffer abschmecken.

Aufkochen und unter ständigem Rühren ca. 5 Minuten kochen, dann den Reis und 2 $\frac{1}{2}$ Tassen Wasser hineingeben. Zugedeckt bei niedriger Hitze etwa 25 Minuten quellen lassen. Erst gegen Ende prüfen, ob der Reis fertig ist. Er sollte zart sein und alle Flüssigkeit aufgesogen haben. Mit einer Gabel auflockern und servieren. Ergibt 10 Portionen.

MAQUE CHOUX

Dieses Gericht haben die Franzosen wahrscheinlich von den Indianern übernommen. ⊘⊘

> **16 frische Maiskolben**
> **1 EL Butter**
> **1 EL Pflanzenöl**
> **170 g gehackte Zwiebeln**
> **170 g gehackte grüne Paprikaschoten**
> **1 TL frisch gemahlener weißer Pfeffer**
> **$\frac{1}{2}$ TL Cayennepfeffer, Salz nach Geschmack**
> **520 g gehackte Tomaten**
> **3 EL Sahne**

Mit einem scharfen Messer die Maiskörner vom Kolben lösen und die Kolben gut abkratzen (ergibt etwa 8 Tassen). Butter und Öl in einer Pfanne erhitzen und Zwiebeln und Paprika ca. 3 Minuten darin anschwitzen. Mais, Pfeffer und Cayennepfeffer dazugeben und ca. 10 Minuten kochen, bis der Mais etwas am Boden haften bleibt.

Tomaten, Salz und Sahne hinzufügen. Etwa 10 Minuten einkochen lassen. Heiß servieren. Ergibt 10–12 Portionen.

Jambalaya (links) und Maque Choux (rechts).

SOUFFLÉ-KARTOFFELN

Der Legende zufolge wurden diese leckeren „Pommes frites" erfunden, als ein Koch des Königs den königlichen Zug mit gerösteten Kartoffeln begrüßen wollte. Der Zug hatte jedoch Verspätung und die Kartoffeln waren schon gebraten – der Koch geriet in Gefahr, seinen Kopf zu verlieren. Als der Monarch dann ankam, warf der verzweifelte Koch die bereits gegarten Kartoffeln erneut in das erhitzte Öl, und die Erdäpfel barsten auf ungewöhnlichste Weise. Nun verlieren wir jedes Mal den Kopf, wenn wir an Soufflé-Kartoffeln knabbern, besonders wenn sie in üppige Sauce Béarnaise getaucht werden. 🕐🕐🕐

8 große Kartoffeln
4 Liter Öl zum Fritieren
Sauce Béarnaise (S. 40)

Kartoffeln schälen und in 3 mm dicke Scheiben schneiden. Öl in der Friteuse auf 150–180°C erhitzen und die Kartoffelscheiben portionsweise 1–2 Minuten fritieren, bis sie an die Oberfläche des Öls steigen. Mit einem Schaumlöffel herausnehmen. Abtropfen und auf Zimmertemperatur abkühlen lassen.

Vor dem Servieren das Öl auf 220–260°C erhitzen und die Kartoffeln in kleinen Portionen hineingeben und fritieren, bis sie aufbersten und goldbraun sind.

Auf Küchenpapier abtropfen lassen, nach Geschmack salzen und mit Sauce Béarnaise zum Dippen servieren. Ergibt 4–6 Portionen.

GEKOCHTE UND GEGRILLTE GARNELEN

GEKOCHTE GARNELEN

Garnelen und Krebse sollten Sie immer nach Art von New Orleans genießen: vom Servieren der Schalentiere auf Zeitungspapier bis zum Aufschlagen der Cocktail-Soße mit etwas zuviel Meerrettich und scharfer Pfeffersoße. So schmeckt es! ⏱

1 Tasse Salz
1 Zitrone, in Scheiben geschnitten
$\frac{1}{2}$ Bund Stangensellerie mit Blättern, gehackt
2 große Zwiebeln, gehackt
$\frac{1}{2}$ Knoblauchknolle, gehackt
2 Päckchen Würze für Meeresfrüchte und Fisch (siehe S. 37)
1 TL Cayennepfeffer
$4\frac{1}{2}$ kg mittelgroße Garnelen, mit Kopf und Schale, gut gewaschen

Alles, bis auf die Garnelen, in einen großen Topf geben und mit Wasser auffüllen. 30 Minuten kochen lassen, um das Aroma der Gewürze freizusetzen. Dann die Garnelen dazugeben. Wenn die Flüssigkeit wieder kocht, 10–15 Minuten kochen lassen, bis die Garnelen fest sind und sich leicht schälen lassen. Wasser abgießen und Garnelen in kaltem Wasser waschen, um den Kochvorgang ganz zu beenden. Ergibt 5 Portionen.

GEGRILLTE GARNELEN

Dieses Gericht wurde im Restaurant Pascal's Manale erfunden, und eigentlich werden die Garnelen gar nicht gegrillt. Sie sind ein Gedicht aus Butter, Knoblauch und Pfeffer. Die Soße wird mit französischem Weißbrot aufgetunkt. ⏱

225 g Butter
1 EL gehackter Knoblauch
$\frac{1}{2}$ TL Cayennepfeffer
2 EL frisch gemahlener Pfeffer
1 EL Salz
2 kg große Garnelen, mit Kopf und Schalen, gründlich gewaschen
2 Zitronen

Butter auf zwei große Pfannen aufteilen. Bei mittlerer Hitze zerlassen, dann Knoblauch, Pfeffer und Salz dazugeben, dabei alles gleichmäßig auf beide Pfannen verteilen. Garnelen ebenfalls auf beide Pfannen verteilen und 4–5 Minuten braten, bis sie auf beiden Seiten rosa und fest sind. Zitronensaft in die Pfannen pressen. Garnelen mit französischem Weißbrot servieren. Ergibt 6 Portionen.

Gegrillte Garnelen (hinten links) und gekochte Garnelen (vorne rechts). Das im neugriechischen Stil erbaute Haus der Tezcuco-Plantage stammt aus dem Jahr 1855.

FRITIERTE MEERESFRÜCHTE IN MAISMEHL

The Cabin

Auch wenn die Garzeiten je nach Art der Meeresfrüchte leicht variieren können, so ist der wesentliche Punkt dieses Rezepts, daß die Meeresfrüchte bei 190°C fritiert werden, weshalb der Teig sich nicht braun färbt. ⊘

450 g rohe Meeresfrüchte (ausgelöste Austern, geschälte Garnelen, Fischfilets)
60 g Maismehl, vorzugsweise gelbes
$\frac{1}{2}$ TL frisch gemahlener schwarzer Pfeffer
$\frac{1}{8}$ TL Cayennepfeffer
$\frac{1}{8}$ TL Paprika
Salz
Pflanzenöl zum Fritieren
Cocktail-Soße

Wels und Weichschalenkrebse werden in Maismehl fritiert. Sie sind eine Spezialität von The Cabin, das einst eine Sklavenunterkunft auf der Monroe-Plantage war.

Meeresfrüchte abwaschen und abtropfen lassen, dabei die verschiedenen Arten nicht vermischen. Trockentupfen. Maismehl mit allen Zutaten außer dem Öl und der Cocktail-Soße gründlich vermengen. Öl in einer Pfanne oder in der Friteuse auf 190°C erhitzen.

Meeresfrüchte in dem gewürzten Maismehl wenden und portionsweise in das heiße Öl geben. 1–2 Minuten goldbraun fritieren, dabei oft umrühren. Öl wieder auf exakt 190°C erhitzen, bevor die nächste Portion fritiert wird. Mit Cocktail-Soße servieren. Ergibt 2 Portionen.

GARNELEN AUF KREOLISCHE ART

Wenn Tomaten in einem Rezept aus New Orleans vorkommen, ist das ein Hinweis darauf, daß entweder spanische oder sizilianische Köche ihre Hand im Spiel hatten, als das Gericht kreiert wurde. In diesem Fall waren es vermutlich die Spanier. ☺☺

2 EL Butter
1 große grüne Paprikaschote, fein gehackt
1 mittelgroße Zwiebel, fein gehackt
2 Selleriestangen, fein gehackt
2 EL Mehl
1 großes Lorbeerblatt
520 gehackte Tomaten
1 TL Worcestersoße
$\frac{1}{2}$ TL getrockneter Thymian
$\frac{1}{2}$ TL Zucker
1 TL Salz
6 Tropfen Tabascosoße
1 kg Garnelen, geschält und ohne Innereien
Weißer Reis, gekocht

Butter in einer gußeisernen Pfanne zerlassen und Paprikaschoten, Zwiebeln und Sellerie dazugeben. Etwa 5 Minuten anschwitzen, bis sie glasig sind. Mehl hinzufügen und rühren, bis es braun wird. Alle anderen Zutaten außer den Garnelen und dem Reis zugeben. Die Mischung ständig weiterrühren, bis sie leicht kocht und sämig wird. Hitze reduzieren, zudecken und 30 Minuten köcheln, damit sich die einzelnen Aromen gut entfalten können.

Kurz vor dem Servieren Garnelen in die Soße geben und etwa 3 Minuten unter Rühren köcheln, bis sie leicht rosa, aber noch fest sind. Lorbeerblatt entfernen und Garnelen und Gemüse auf gekochtem weißem Reis anrichten. Ergibt 4–6 Portionen.

POMPANO EN PAPILLOTE

Dieser Pompano-Fisch in der Papiertüte aus dem berühmten Restaurant Antoine's wurde zu Ehren eines französischen Ballonfahrers kreiert. Das Gericht erinnert auch an einen Ballon. Öffnen Sie die Papiertüte erst in Anwesenheit des Gastes, für den der Pompano bestimmt ist. ⊘ ⊘ ⊘

Soße

1½ EL Butter
1 Knoblauchzehe, zerdrückt
1 EL fein gehackte Petersilie
1 EL gehackte Frühlingszwiebeln
1 Schalotte, zerdrückt
24 Austern, ausgelöst
24 Garnelen, geschält und ohne Innereien
2 TL kreolische Gewürzmischung
1 EL Mehl
1 l Fischbrühe (S. 40–41)
250 ml Champagner oder Sekt
500 ml Sahne

4–8 große Kreise aus Pergamentpapier geschnitten, 20–25 cm Durchmesser
4 EL Butter
8 Pompano-Filets (170–225 g)
16 mittelgroße Garnelen, geschält und ohne Innereien
16 rohe Austern, ausgelöst
¼ TL kreolische Gewürzmischung

Für die **Soße** Butter, Knoblauch, Petersilie, Frühlingszwiebeln, Schalotten, Austern, Garnelen und kreolische Gewürzmischung in einer großen Pfanne 1 Minute anschwitzen. Mehl unterrühren. Fischbrühe, Champagner oder Sekt und Sahne dazugeben. Aufkochen. Hitze reduzieren und Soße 10–15 Minuten einköcheln lassen, bis sie sämig wird. Beiseite stellen.

Ofen auf 180°C vorheizen. Pergamentpapier herzförmig zuschneiden und auf einer Seite mit Butter einfetten. Etwas Soße in die Mitte der 4 Papierherzen setzen und jeweils 2 Pompanofilets darauf legen. Darauf wiederum je 2 Garnelen und 2 Austern setzen und dann mit kreolischer Gewürzmischung bestreuen.

Vorsichtig zusammenklappen und die Kanten sorgfältig zusammenfalten, so daß ein verschlossenes Paket entsteht. Etwa 15 Minuten im Ofen backen, bis sich die Papiertüten aufblähen. Zum Servieren jede Tüte oben aufschneiden. Ergibt 4 Portionen.

HUMMER MIT BLATTSPINAT

Dominique Macquet, Dominique's

Ein sehr luxuriöses Hummergericht von einem innovativem Chefkoch aus New Orleans. ⏱⏱⏱

2¹/₂ kg Cocktail-Tomaten, blanchiert und geschält
265 ml und 1 EL Olivenöl
50 g gehackter Knoblauch
2 EL frische Thymianblätter

1 kg Blattspinat
10 Schalotten, gewürfelt
Salz und schwarzer Pfeffer zum Abschmecken
4 Hummer, jeweils ca. 1 kg, gekocht

Soße
2 Zwiebeln, gehackt
2 Karotten, gehackt
4 Selleriestangen, gehackt
1 EL Pernod
225 g Crème fraîche
30 g Hummerkaviar

Die Tomaten werden im voraus zubereitet. Eine beschichtete Bratpfanne mit ³/₄ des Olivenöls auspinseln, dann Knoblauch und Thymian dazugeben. Die blanchierten, enthäuteten Tomaten in die Pfanne setzen und mit Salz und Pfeffer abschmecken. Bei 70°C 8 Stunden im Ofen backen.

¹/₄ des Olivenöls bei mittlerer Hitze in einem großen Topf erhitzen und Spinat mit den gewürfelten Schalotten ca. 2 Minuten darin anschwitzen, bis der Spinat etwas zusammenfällt. Abschmecken und abkühlen lassen. Spinat in einem Sieb ausdrücken. In 4 Förmchen mit je ca. 8 cm Durchmesser abwechselnd Spinat und Tomaten schichten; mit Spinat abschließen. Von den Tomaten sollen noch etwa 500 g für die Soße übrig bleiben.

Hummerfleisch aus der Schale lösen, Kopf und Schwanzschale zum Garnieren aufheben. Kiemen vom Kopf entfernen und wegwerfen. Hummerkaviar aufheben.

Zwiebeln, Karotten und Sellerie in 1 EL Olivenöl anschwitzen, dann Hummerkaviar und 4 Tassen Wasser dazugeben. Bei starker Hitze um ein Drittel einkochen lassen. Die restlichen ofengetrockneten Tomaten hinzufügen und die Soße um die Hälfte reduzieren. Abseihen. Pernod und Crème fraîche unterrühren. Gut vermischen.

Zum Servieren Förmchen in der Mitte einer großen Servierplatte anrichten, dabei vorsichtig den Metallring entfernen. Hummer wie abgebildet auf den Teller legen. Hummerfleisch neben das Gemüse legen und mit Soße umgeben. Jeden Hummerschwanz in 8 Medaillons aufschneiden und ebenfalls auf dem Teller anrichten. Etwas Hummerkaviar auf jedes Medaillon setzen. Sofort servieren. Ergibt 4 Portionen.

AUBERGINEN-KREBSKÜCHLEIN

Andrea Apuzzo, Andrea's

Seit jeher sind Krebsküchlein in New Orleans äußerst beliebt. Bei dieser italienischen Version wird Krebsfleisch in Verbindung mit Auberginen zu einem pikantem Festessen. ☺☺☺

2 ganze, mittelgroße Auberginen
Salz
2 EL und 1 TL Olivenöl
1 mittelgroße Zwiebel, gehackt
2 EL gehackter Knoblauch
6 Selleriestangen, gehackt
1 mittelgroße Stange Lauch, gehackt
1 EL frische Thymianblätter
1 EL frische Majoranblätter
65 ml trockener Weißwein
1 kg frisches Krebsfleisch
1 TL fein gehackte Pepperoncini
75 g frische Brotbrösel
¹/₂ Tasse frisch geriebener Parmesankäse
Zitronenschnitze

Ofen auf 200°C vorheizen. Auberginen der Länge nach halbieren, gut salzen und in eine Backform schichten. 1 Tasse Wasser dazugeben und 30–40 Minuten im Ofen backen, bis sie weich sind. Beiseite stellen.

1 EL Öl in einer beschichteten Pfanne bei mittlerer Hitze erhitzen. Zwiebeln und Knoblauch darin etwa 10 Minuten goldbraun anschwitzen. Sellerie, Lauch, Kräuter und Weißwein hinzufügen. Gut vermischen und beiseite stellen.

Die Auberginen mit einem Löffel aushöhlen und das Fruchtfleisch kurz mit der Gemüsemischung in einem Mixer pürieren. Nicht zu stark pürieren.

In einer weiteren Pfanne 1 TL Olivenöl, das Krebsfleisch und einen Spritzer Weißwein geben. Aufkochen. Die pürierte Gemüsemischung, Salz, Pfeffer und Pepperoncini vorsichtig untermengen und dann abkühlen lassen.

50 g Brotbrösel und den Parmesan dazugeben und gut vermischen. 8 Küchlein formen und jedes mit den restlichen Brotbröseln bestreuen. Das restliche Olivenöl in einer Pfanne erhitzen und die Küchlein 2–3 Minuten auf jeder Seite braten, bis sie goldbraun sind. Mit Zitronenschnitzen garnieren und servieren. Ergibt 8 Portionen.

Tip: Wenn Sie das Gemüse vor dem Anschwitzen im Mixer zerkleinern, können Sie Zeit sparen.

SÜSSWASSERKREBS-ÉTOUFFÉE

Greg Picolo, The Bistro

Ein Gericht aus Cajun Country, das New Orleans im Sturm erobert hat. Es sollte deftig und pfefferscharf sein. *Étouffée* bedeutet übrigens „geschmort"; es ist die Kochmethode, die sich am besten für Süßwasserkrebse eignet. ☉

110 g Butter
60 g Mehl
65 ml Erdnußöl
4 Selleriestangen, fein gehackt
4 große Zwiebeln, fein gehackt
1 große, grüne Paprikaschote, fein gehackt
4 EL gehackter, frischer Knoblauch
2 Lorbeerblätter, am besten frische
6 frische Thymianzweige oder $\frac{1}{2}$ TL getrockneter Thymian
3 EL Worcestersoße
$\frac{1}{4}$ TL Cayennepfeffer
1 l Hühnerbrühe (S. 40)
$1\frac{1}{2}$ kg Krebsschwänze, abgetropft, Flüssigkeit aufheben
500 ml Sahne
Salz und schwarzer Pfeffer
Weißer Reis, gekocht
6 Frühlingszwiebeln, gehackt

Butter, Mehl und Öl in einer gußeisernen Pfanne bei niedriger Hitze 15–18 Minuten zu einem dunkelkaramelfarbenen *Roux* verarbeiten. Alle Gemüse bis auf die Frühlingszwiebeln dazugeben und 5–7 Minuten weich kochen. Lorbeerblätter, Thymian, Worcestersoße und Cayennepfeffer hinzufügen. Langsam die Brühe dazugießen und mit dem Schneebesen in das *Roux* einarbeiten.

Die Krebsflüssigkeit hineingießen und die Soße 1 Stunde bei niedriger Hitze köcheln lassen, dann Krebsschwänze einlegen und Sahne unterrühren. Mit Salz und Pfeffer abschmecken. 5 weitere Minuten kochen und auf gedämpften Reis anrichten. Mit gehackten Frühlingszwiebeln garnieren. Ergibt 6–8 Portionen.

GEGRILLTE JAKOBSMUSCHELN MIT GALETTE AUS PILZEN

Dominique Macquet, Dominique's

Dieses phantastische neue Gericht lohnt den Zeitaufwand, der für die Zubereitung nötig ist. ①②③

Paste aus sonnengetrockneten Tomaten
250 ml sonnengetrocknete Tomaten (nicht in Öl abgepackt)
125 ml trockener Weißwein
2 Basilikumblätter
125 ml Olivenöl, extra vergine

Rote-Paprika-Vinaigrette
2 rote Paprikaschoten
$\frac{1}{2}$ EL zerstoßener Knoblauch
3 Basilikumblätter
250 ml Olivenöl, extra vergine
Salz und schwarzer Pfeffer

Galette aus Pilzen
60 g Shiitake-Pilze, in Scheiben geschnitten, angeschwitzt und abgetropft
30 g Austernpilze, in Scheiben geschnitten, angeschwitzt und abgetropft
30 g Waldpilze, in Scheiben geschnitten, angeschwitzt und abgetropft
60 g wilder Reis, gekocht
8 Scheiben Blätterteig
14 EL Butter, zerlassen

24 Jakobsmuscheln, mit Salz und Pfeffer gewürzt und mit Olivenöl eingestrichen
24 frische Spargelstangen, geschält
Rote Paprika, gewürfelt
Frühlingszwiebeln, gewürfelt

Für die **Tomatenpaste** sonnengetrocknete Tomaten in Weißwein quellen lassen, abtropfen lassen und im Mixer mit Basilikum und Olivenöl vermischen.

Für die **Paprika-Vinaigrette** Paprika grillen, bis die Haut angesengt ist. 5 Minuten in eine Papiertüte geben, damit sich die Haut im Dampf ablöst. Paprika schälen und entkernen. Die restlichen Zutaten dazugeben und glatt rühren. Mit Salz und Pfeffer abschmecken.

Für die **Pilzgalette** die angeschwitzten Pilze mit dem wilden Reis und der Tomatenpaste mischen. 4 Lagen Blätterteig mit zerlassener Butter bestreichen und aufeinanderlegen, dann in der Mitte auseinanderschneiden. Jede Hälfte in fünf Streifen schneiden und kreuzweise in eine Metallform mit 5 cm Durchmesser legen. Pilzmischung dazugeben und die Enden der Teigstreifen darüberklappen. Vorgang mit dem restlichen Teig wiederholen, so daß 4 Galettes entstehen. Ofen auf 150 °C vorheizen und die Galettes 10 Minuten backen.

Jakobsmuscheln auf jeder Seite 1–2 Minuten grillen. Spargel blanchieren und 6 Stangen auf jeden Teller legen. Eine Galette in die Mitte des Tellers setzen, daneben die gegrillten Muscheln anrichten. Vinaigrette auf jede Muschel träufeln. Mit gewürfelter roter Paprika und Frühlingszwiebeln garnieren. Ergibt 4 Portionen.

GESCHWÄRZTER REDFISH ODER THUNFISCH

Geschwärzter Fisch wird in New Orleans mit dem Starkoch Paul Prudhomme in Verbindung gebracht. Bei der Zubereitung dieses knusprigen Gerichts entsteht so viel Rauch, daß man es besser im Freien zubereiten sollte. Das Fischfilet kann stark austrocknen, wenn es nicht schnell und heiß genug gebraten wird. Wer sich im Schwärzen versuchen möchte, sollte sich genau an die Beschreibung halten. Da Redfish selten zu bekommen ist, wird dieses Gericht meist mit Thunfisch (wie bei unserem Foto) oder mit Schwertfisch zubereitet. ① ①

1 TL Salz
$\frac{1}{2}$ TL Cayennepfeffer
$\frac{1}{2}$ TL gemahlener weißer Pfeffer
$\frac{1}{4}$ TL gemahlener schwarzer Pfeffer
$\frac{1}{4}$ TL getrockneter Thymian
$\frac{1}{4}$ TL getrocknetes Basilikum
$\frac{1}{4}$ TL getrockneter Oregano
2 TL Paprikapulver
8 Redfishfilets ohne Gräten oder Schwertfisch- oder Thunfischfilets (250 g)
110 g Butter, zerlassen

Alle Gewürze in einer kleinen Schüssel vermischen. Filets in die zerlassene Butter tauchen und die Gewürzmischung großzügig auf beide Seiten streuen. Gußeiserne Pfanne so heiß wie möglich erhitzen, bis sie am Boden leicht grau wird. 2 Filets hineinlegen.

Etwa 1 EL der Butter auf den Fisch geben. Vorsicht ist geboten, denn es kann eine Stichflamme entstehen. Fischfilet nur ca. $1\frac{1}{2}$ Minuten auf jeder Seite braten. Sofort servieren. Ergibt 8 Portionen.

REDFISH COURTBOUILLON

Die Franzosen lieferten die Idee zu dieser „schnellen Suppe", die sich dann in der kreolischen Küche zu einer reichhaltigen Soße entwickelte, welche man über den Redfish gibt. Ist Redfish nicht erhältlich, stellt Seebarsch eine gute Alternative dar. ☉ ☉

1 EL Pflanzenöl
1 mittelgroße Zwiebel, fein gehackt
3 große Tomaten, gehackt
1 EL Tomatenmark
125 ml Rotwein
$^1/_2$ TL Salz
$^3/_4$ TL gemahlener schwarzer Pfeffer
1 Redfish (2 kg), gesäubert, ohne Kopf

Öl bei mittlerer Hitze in einem großen Topf erhitzen. Zwiebeln dazugeben und etwa 3 Minuten anschwitzen, bis sie glasig sind. Dann Tomaten, Tomatenmark, 1 Tasse Wasser und Wein hinzufügen. Mit Salz und Pfeffer abschmecken. Ohne Deckel etwa 20 Minuten köcheln lassen, bis die Soße sämig wird.

Ofen auf 180°C vorheizen. Redfish in eine große Bratpfanne legen, Soße darübergießen und etwa 1 Stunde im Ofen garen. Ab und zu mit der Soße begießen. Ergibt 4 Portionen.

REDFISH MIT SÜSSKARTOFFELN UND KUMQUATS

Dominique Macquet, Dominique's

Ein weiteres Rezept mit Redfish, das von einem der innovativsten Köche der Stadt stammt. Die Kombination von Süßkartoffeln und Kumquats ist wohl einmalig und schmeckt vorzüglich. ✆

**8 mittelgroße Süßkartoffeln, geschält
Öl zum Fritieren**

Kumquat Beurre Blanc
   **5 EL Olivenöl
   3 Schalotten, gewürfelt
   450 g Kumquats, mit Haut, gehackt
   250 ml trockener Wermut
   110 g Butter**

**8 Redfish oder Rotbarschfilets (185–250 g)
Salz und frisch gemahlener schwarzer Pfeffer
Kumquats in Scheiben geschnitten (wahlweise)**

Süßkartoffeln der Länge nach in 0,5 cm dicke Scheiben schneiden. Mit kaltem Wasser bedecken und 20 Minuten stehen lassen, um den Naturzucker zu entfernen.

Für die **Kumquat Beurre Blanc** 1 EL des Olivenöls in einem kleinen Topf bei mittlerer Hitze erwärmen. Schalotten und Kumquats hineingeben und etwa 5 Minuten anschwitzen, bis sie weich sind. Mit Wermut ablöschen, dabei den Bratsatz vom Boden kratzen. Kochen, bis die Flüssigkeit auf die Hälfte eingekocht ist, dann Butter dazugeben und rühren, bis die Soße sämig wird und glänzt.

Fritieröl auf 190 °C vorheizen. Kartoffelscheiben gründlich trockentupfen, dann knusprig fritieren. Gebratene Kartoffeln in der Küchenmaschine mit dem Messer hacken, bis sie wie Corn Flakes aussehen.

Redfish mit dem restlichen Olivenöl bepinseln, salzen und pfeffern. Kartoffelflocken über den Fisch streuen, dann in einer Pfanne auf jeder Seite etwa 1 Minute braten. Zum Schluß Fisch im auf 180 °C vorgeheizten Ofen 5 Minuten backen.

Redfishfilets auf einer Servierplatte anrichten und die Soße dazugeben. Wahlweise mit Kumquatscheiben garnieren. Ergibt 6 Portionen.

FORELLE AMANDINE & FORELLE MEUNIÈRE
Arnaud's

FORELLE AMANDINE

Ähnlich wie Forelle Müllerin ist dieser knusprige und köstliche Fisch seit Jahrzehnten eines der beliebtesten Gerichte in New Orleans. Heute werden statt der Mandeln oft Pecannüsse verwendet. Auf alle Fälle wird Sie der süße nussige Geschmack überzeugen. ☉☉

> 6 Regenbogen- oder Bachforellenfilets oder anderer fester weißer Fisch (250–300 g)
> 250 ml kalte Milch
> 110 g Mehl, mit Salz und Pfeffer gewürzt
> 110 g Butter

Soße
> 90 g Butter
> 200 g Mandelblättchen
> 65 ml frischer Zitronensaft
> 2 EL gehackte frische Petersilie
> Salz und schwarzer Pfeffer

Forelle Amandine (vorne) und Forelle Meunière, serviert im Arnaud's.

Filets etwa 10 Minuten in Milch einlegen, dann abtropfen lassen und im gewürzten Mehl wenden. Überschüssiges Mehl abschütteln. Butter in einer gußeisernen Pfanne zerlassen und Fisch portionsweise etwa 5 Minuten auf jeder Seite goldbraun braten. Auf einen vorgewärmten Teller geben und warm stellen.

In derselben Pfanne die Butter für die **Soße** zerlassen und die Mandelblättchen etwa 4 Minuten darin unter Rühren leicht bräunen. Zitronensaft und Petersilie hinzufügen, mit Salz und Pfeffer abschmecken. 2–3 Minuten einköcheln lassen. Soße über den Fisch gießen. Ergibt 6 Portionen.

FORELLE MEUNIÈRE

Der Name dieses Klassikers der kreolischen Küche verdankt seinen Namen dem fein gemahlenen Mehl. ☉☉

> 2¹⁄₂ Tassen Erdnußöl
> 6 frische Regenbogenforellenfilets oder anderer fester weißer Fisch (250–300 g)
> 110 g Mehl
> 110 g Butter
> 125 ml trockener Weißwein
> Salz und schwarzer Pfeffer
> 1 Zitrone, in Scheiben geschnitten
> ¹⁄₂ Knoblauchzehe, fein gehackt
> 6 Petersilienzweige, fein gehackt

Erdnußöl in einer gußeisernen Pfanne auf 180°C vorheizen. Forelle in Mehl wenden und jeweils 2 Filets 5–7 Minuten goldbraun braten. Auf einen Teller geben und warm stellen.

Butter zerlassen. Wein unterrühren und mit Salz und Pfeffer abschmecken. Soße über die Forelle gießen. Mit Zitronenscheiben, Knoblauch und Petersilie garnieren. Ergibt 6 Portionen.

GEBRATENE HONIG-ENTE UND KANDIERTE YAMS

Greg Picolo, The Bistro

GEBRATENE HONIG-ENTE

Im Winter und sogar während der Fußballsaison gehen die Männer von New Orleans in die Sümpfe. Der Grund: Es ist Jagdzeit für Enten. ☺☺☺

3 Enten (1–1½ kg)
Salz und Pfeffer
4 EL Butter
1 TL Cayennepfeffer
190 ml Balsamico-Essig
500 ml Honig
1 TL frisch gehackter Knoblauch
4 frische Thymianzweige
2 EL Worcestersoße
125 ml Cointreau oder Triple Sec

Ofen auf 220°C vorheizen. Enten innen und außen salzen und pfeffern, dann etwa 40–45 Minuten braten. Aus dem Ofen nehmen und der Länge nach halbieren. Fett aus der Bratpfanne wegschütten und die Enten mit der Haut nach oben wieder in die Bratpfanne legen.

Butter in einem Topf zerlassen; Cayennepfeffer, Essig, Honig, Knoblauch, Thymian, Worcestersoße und Cointreau dazugeben. Bei niedriger Hitze 5–7 Minuten köcheln, dann über die Enten gießen. Bei 180°C weitere 15 Minuten braten. Enten herausnehmen, Fleisch warm stellen und ruhen lassen.

Alles Fett von der Bratflüssigkeit abschöpfen und dann in einem Topf etwas einkochen lassen. Über die Enten gießen und sofort mit kandierten Yams und „schmutzigem Reis" (S. 135) servieren. Ergibt 6 Portionen.

KANDIERTE YAMS ☺

6 Louisiana-Yams (Süßkartoffeln), geschält und geviertelt
110 g dunkelbrauner Zucker
60 g weißer Zucker
Saft einer Zitrone
Saft einer großen Orange
60 g ungesalzene Butter, zerlassen
65 ml Brandy
2 EL reiner Vanilleextrakt
Salz und schwarzer Pfeffer
1 EL Zimt
½ TL Muskatnuß

Den Ofen auf 190°C vorheizen. Alle Zutaten auf ein Bratblech legen und 8 Tassen Wasser angießen. Yams zugedeckt 30–40 Minuten im Ofen dämpfen, bis sie weich sind. Deckel entfernen und auf dem Herd 7–10 Minuten einkochen lassen, bis die Soße sirupartig ist. Ergibt 6 Portionen.

GERÄUCHERTE WACHTELN AUF SALAT

Susan Spicer, Bayona

Eines von Susan Spicers besten Rezepten für Wild.
① ① ①

4 Wachteln, ohne Knochen

Marinade
1 EL Honig
1 EL süße Sojasoße oder *Hoisin*-Soße
125 ml Erdnußöl
1 EL Bourbon-Whisky

Dressing
450 g Wachtel- oder Hühnerknochen
500 ml Hühnerbrühe (S. 40)
2 EL Melasse
2 EL Apfelessig
2 EL Walnußessig (oder Apfelessig)
50 g gehackte Schalotten
250 ml Olivenöl
Salz und schwarzer Pfeffer zum Abschmecken
1–2 EL Bourbon-Whisky

Gewürzte Pecannüsse
1 EL Butter
50 g geschälte Pecannüsse
1 TL Worcestersoße
$\frac{1}{2}$ TL Salz
$\frac{1}{8}$ TL Cayennepfeffer
1 EL Zucker

Reismehlteig
160 g Reismehl
$\frac{1}{4}$ TL Salz
$\frac{1}{8}$ TL schwarzer Pfeffer

Salat
250 g frischer Spinat, gewaschen & geschnitten

1 reife Birne, in dünne Scheiben geschnitten
65 g eingelegte rote Zwiebeln, dünn geschnitten
110 g Sellerieherzen & -blätter, dünn geschnitten

Alle Zutaten für die **Marinade** in einer kleinen Schüssel verrühren und die Wachteln darin mindestens 1 Stunde ziehen lassen. Abtropfen lassen und 30 Minuten in einer Räucherkammer kalt räuchern. Die Wachteln sollten noch fast roh sein.

Für das **Dressing** die Knochen bei 180 °C 10 Minuten im Ofen bräunen, dann in einen kleinen Topf geben und mit der Hühnerbrühe bedecken. Aufkochen, Hitze reduzieren und köcheln lassen, bis die Brühe zu einer $\frac{1}{2}$ Tasse sirupartiger Flüssigkeit reduziert ist. In eine Schüssel gießen und Melasse, Essig, Schalotten und Öl unterrühren. Mit Salz und Pfeffer abschmecken, dann den Bourbon einrühren.

Butter für die **würzigen Pecannüsse** zerlassen und alle Zutaten darin wenden. Die Nüsse auf ein kleines Backblech legen und im auf 180 °C vorgeheizten Ofen ungefähr 10 Minuten rösten.

Fritieröl in der Friteuse auf 180 °C erhitzen. Zutaten für den Reismehlteig mit einer $\frac{3}{4}$ Tasse Wasser vermischen. Wachteln in diesen Teig tauchen und 3–4 Minuten goldbraun fritieren. Dressing über den Spinat geben. Darauf die Wachteln, Birne, eingelegte Zwiebeln, Sellerie und Pecannüsse anrichten. Ausreichend für 4 Portionen.

HÜHNCHEN BONNE FEMME &
SIZILIANISCHES HÜHNCHEN

HÜHNCHEN BONNE FEMME

Manchmal bezieht sich dieser Name auch auf ein Knoblauchhuhn sizilianischer Art, aber in diesem Rezept wird eine kreolische Version vorgestellt, die besonders leicht zuzubereiten ist. ☉

4 Hühnerbrüste, ohne Haut und Knochen
Salz und schwarzer Pfeffer
125 ml Olivenöl
4 Kartoffeln, geschält und in dünne runde
    Scheiben geschnitten
225 g Schinken, gewürfelt
4 Knoblauchzehen, gehackt
2 EL gehackte frische Petersilie (wahlweise)

Hühnchen Bonne Femme (links) und sizilianisches Hühnchen (rechts).

Hühnchenbrüste salzen und pfeffern. Olivenöl bei mittlerer Hitze in einer Pfanne erhitzen und Hühnchen darin hellbraun anbraten, etwa 4 Minuten auf jeder Seite. Dann aus der Pfanne nehmen.

Kartoffeln, Schinken und Knoblauch in die Pfanne geben und 10–12 Minuten weich braten. Dann Hühnchen wieder in die Pfanne legen. Mit den anderen Zutaten vermischen und weitere 10 Minuten garen. Nach Wunsch Petersilie darüberstreuen. Mit einem Schaumlöffel aus der Pfanne heben, damit das überschüssige Öl abtropfen kann. Ergibt 4 Portionen.

SIZILIANISCHES HÜHNCHEN

Dieses Gericht ist ein Beitrag der sizilianischen Einwanderer zur Küche von New Orleans. Es ist ein lukullisches Mahl mit dem typischen Geschmack südeuropäischer Gewürze und Kräuter. Im Mosca's (einem Speise-Mekka am westlichen Ufer des Mississippi) wird das Gericht Chicken à la Grande genannt, andere Restaurants bezeichnen es auch als Chicken Mosca. ☉

190 ml Olivenöl
2 Hühnchen ($1\frac{1}{2}$ kg), zerlegt
$\frac{1}{2}$ TL Salz
1 TL frisch gemahlener schwarzer Pfeffer
10 Knoblauchzehen, zerstoßen
1 TL getrockneter Rosmarin
1 TL getrockneter Oregano
250 ml trockener Weißwein

Öl in einer großen Pfanne bei mittlerer Hitze erhitzen. Hühnchen hineingeben und etwa 5 Minuten auf jeder Seite anbraten. Mit Salz und Pfeffer abschmecken, dann Knoblauch, Rosmarin und Oregano dazugeben. Weißwein über die Hühnchen gießen und etwa 1 Stunde köcheln lassen, bis das Fleisch gar und die Flüssigkeit um die Hälfte reduziert ist. Ergibt 6 Portionen.

MUFFULETTA

Dieses delikate Sandwich wurde im Zentralmarkt des French Quarter erfunden und nach dem runden knusprigen Brot benannt, das dafür hergenommen wird. Man sollte nur den frischesten Olivensalat verwenden. ⊘

1 großes rundes italienisches Brot
Olivenöl
3 Scheiben Salami
3 Scheiben Schinken
3 Scheiben Schweizer Käse
3 Scheiben Provolone-Käse
6 EL Olivensalat

Brot in der Mitte auseinanderschneiden. Beide Hälften innen mit Olivenöl bestreichen. Käse und Wurstscheiben auf die untere Hälfte legen, dann Olivensalat darauf häufeln. Sandwich in vier Teile oder, wenn Sie wirklich hungrig sind, in 2 Teile schneiden. Ergibt 2–4 Portionen.

Olivensalat gibt es in New Orleans fertig zu kaufen, Sie können ihn aber auch selbst zubereiten: Grüne Oliven, Cocktailzwiebeln, rote Paprika, Staudensellerie, Kapern, Knoblauch und Petersilie kleinschneiden oder -hacken, mit Olivenöl und Rotweinessig gut vermengen, mit Salz und Pfeffer pikant abschmecken.

DAUBE GLACÉ

Dieses berühmte kreolische Rezept ist ein typisches Sommergericht: leicht und voller Geschmack. ⏱

65 ml Pflanzenöl
1½ kg Rindfleisch
225 g gepökeltes Schweinefleisch
1 große Zwiebel, gehackt
3 Karotten, in Scheiben geschnitten
2 Selleriestangen, gehackt
3 Knoblauchzehen, gehackt
2 Petersilienzweige, gehackt
2 Lorbeerblätter
5 ganze Knoblauchzehen
250 ml trockener Sherry
Salz und schwarzer Pfeffer
7 g Gelatine

Öl in einer großen Pfanne erhitzen und Rind- und Schweinefleisch darin braten. Dann 6 Tassen Wasser und alle anderen Zutaten bis auf die Gelatine dazugeben. Aufkochen lassen, dann Hitze reduzieren und 2–3 Stunden köcheln lassen, bis das Fleisch weich ist.

Das Fleisch von den Knochen lösen und in mundgerechte Stücke schneiden. Wieder in den Topf mit dem Gemüse und der Flüssigkeit geben und 30 weitere Minuten köcheln lassen. Lorbeerblätter und Knoblauchzehen herausnehmen.

Gelatine in einer Schüssel in einem Löffel Kochflüssigkeit auflösen, dann in die Fleischmischung rühren. Hitze abschalten und die Masse abkühlen lassen, bevor sie in eine Auflaufform gefüllt wird, die 2 Liter faßt.

Mit Plastikfolie abdecken und mindestens 4 Stunden in den Kühlschrank stellen. Auf eine Platte stürzen und in Scheiben schneiden. Kalt servieren. Ergibt 8 Portionen.

KALBSKOTELETTS IN CHIPOTLE-SAHNE

Paul Prudhomme, K-Paul's Louisiana Kitchen

🕐 🕐

Chipotle-Sahne

    10 EL Butter
    240 g gehackte Zwiebeln
    $2^1/_2$ TL gemahlene getrocknete Chipotle-Chili-Schoten
    $3^1/_4$ TL Chef Paul Prudhommes Meat Magic®
    250 ml Hühner- oder Rinderbrühe (S. 40 und 41)
    110 g Waldpilze, in dünne Scheiben geschnitten
    500 ml Sahne
    $1/_4$ TL Salz
    $1/_2$ TL heller brauner Zucker

Kalbskoteletts

    2 EL Pflanzenöl
    6 Kalbskoteletts (etwa 2,5 cm dick, ca. 300 g pro Stück)
    2 EL von Paul Prudhommes Meat Magic®

Für die **Chipotle-Sahne** 100 g Butter bei mittlerer Hitze in eine beschichtete Pfanne mit 25 cm Durchmesser geben. Wenn die Butter leicht zischt, Zwiebeln hinzufügen. Etwa 15 Minuten unter ständigem Rühren hellbraun braten. Chipotle-Schoten und 1 EL Meat Magic® hinzufügen. Meat Magic® besteht aus Kräutern, Gewürzen, Salz, Zwiebeln und Knoblauchpulver (leider hat uns Paul Prudhomme die genaue Zusammensetzung seines „Zauberpulvers"

nicht verraten). Unter ständigem Rühren 2–3 Minuten kochen, bis die Gewürze dunkel geworden sind. Mit Hühner- oder Rinderbrühe ablöschen und den Bratsatz unter Rühren vom Boden ablösen. Aufkochen, dann 5 Minuten köcheln, dabei häufig umrühren. Vom Herd nehmen, Mischung im Mixer pürieren. Beiseite stellen.

1 EL der Butter in die Pfanne geben und stark erhitzen. Sobald die Butter zischt, Pilze und restliches Meat Magic® darin etwa 3 Minuten anbraten, bis die Pilze Farbe annehmen. Püree wieder in die Pfanne geben, aufkochen und Hitze reduzieren. Sahne, Salz und Zucker hinzufügen. Aufkochen und dann 5 Minuten köcheln. Restliche Butter unterrühren. Soße beiseite stellen und Koteletts zubereiten. Ergibt ungefähr 4 Tassen Soße.

Jedes Kotelett auf beiden Seiten gleichmäßig mit $1/_2$ TL Meat Magic® sanft einreiben.

Öl in einer großen Pfanne 5–7 Minuten erhitzen, bis es raucht. 2 oder 3 Koteletts in die heiße Pfanne geben (die Koteletts dürfen nicht eng nebeneinander liegen!), Koteletts auf beiden Seiten etwa 1–2 Minuten anbraten, sie sollen innen noch sehr roh sein. In dem auf 260 °C vorgeheizten Ofen weitere 3–4 Minuten fertig braten. Mit den anderen Koteletts ebenso verfahren.

Jedes Kotelett auf einem Teller anrichten und mit Soße übergießen. Ergibt 6 Portionen.

RINDERFILETS MIT SAUCE MARCHAND DE VIN
& PANIERTES KALBFLEISCH

*Paniertes
Kalbfleisch (links)
und Rinderfilets
mit Sauce Mar-
chand de Vin
(rechts).*

RINDERFILETS
MIT SAUCE MARCHAND DE VIN

Die französischen Weinhändler, die dieser Soße zu
ihrem Namen verhalfen, bereiteten sie aus ihrem
eigenen Wein zu. Dieses Rezept ist in kreolischen
Lokalen sehr beliebt. In New Orleans wird meist
etwas mehr Knoblauch dazugegeben, als im französischen Originalrezept vorgesehen. ◷

Sauce Marchand de Vin (S. 41)
65 ml Pflanzenöl
Salz und frisch gemahlener Pfeffer
6 Stück Rinderfilet

Sauce Marchand de Vin zubereiten (siehe S. 41)
und warm stellen.

Für die Filets Öl mit Salz und Pfeffer abschmecken, dann das Fleisch damit einreiben. In
einer erhitzten Pfanne nach Belieben roh, medium
oder durch braten – etwa 5 Minuten auf jeder Seite
für rohes und 10 Minuten für gut durchgebratenes
Filet. Ergibt 6 Portionen.

PANIERTES KALBFLEISCH

Noch vor einer Generation war Kalbfleisch so bil-
lig, daß dieses Gericht in New Orleans auch in einfachen Haushalten häufig auf dem Speiseplan
stand. ◷

6 Kalbsschnitzel (6 mm dick)
Salz und schwarzer Pfeffer
1 Ei mit 1 EL Wasser verquirlt
125 g Brotbrösel
1 EL Pflanzenöl
1 EL Butter
Zitronenschnitze

Kalbsschnitzel mit einem Fleischklopfer dünn und
weich klopfen, dann salzen und pfeffern. In die
Eimischung tauchen, anschließend in die Brotbrösel
und dann wieder in die Eimischung.

Öl und Butter in einer gußeisernen Pfanne erhitzen und Fleisch auf beiden Seiten goldbraun
braten. Auf Küchenpapier abtropfen lassen. Mit
Zitronenschnitzen servieren. Ergibt 6 Portionen.

BANANEN À LA FOSTER

Brennan's

Dies ist wohl das berühmteste Dessert von New Orleans, aber natürlich nicht das einzige, das lecker schmeckt. Es wurde im Brennan's für einen guten Kunden namens Foster kreiert, dem eine Markisenfirma in der Stadt gehörte. Heute ist Mr. Foster mehr für flambierte Bananen bekannt als für seine Markisen, die in den Sommermonaten Schatten spenden. ◷

4 TL gemahlener Zimt
3 TL Zucker
6 EL Butter
3 Tassen hellbrauner Zucker
6 reife Bananen, geschält und geviertelt
80 ml dunkler Rum
80 ml Bananenlikör
6 Kugeln Vanilleeis

Zimt und weißen Zucker vermischen und beiseite stellen. Butter und braunen Zucker in einer Flambierpfanne vermengen, dann über eine Flamme setzen, bis die Mischung zerläuft. Bananen mit der flachen Seite nach unten hineinsetzen und etwa 1 Minute erwärmen.

Pfanne von der Flamme nehmen und Rum dazugießen, wieder auf das Feuer setzen und den Alkohol anzünden. Zimt-Zucker-Mischung auf die Flamme streuen. Wenn das Feuer abstirbt, Pfanne vom Feuer nehmen, Bananenlikör zugießen, wieder auf die Flamme stellen und erneut anzünden. Gut vermischen.

Jeweils eine Kugel Eis in ein Sektglas setzen, die heiße Bananenmischung darübergeben und sofort servieren. Ergibt 6 Portionen.

BROTPUDDING MIT WHISKYSOSSE

Arnaud's

Das Rezept ist vermutlich entstanden, weil in New Orleans täglich Unmengen von französischem Weißbrot verzehrt werden. Schon früh haben kreolische Köche aus trocken gewordenem Brot herrliche Desserts gezaubert. ☺ ☺

1 französisches Weißbrot
1 l Milch
3 Eier, verquirlt
450 g Zucker
2 EL Vanilleextrakt
140 g Rosinen
4 EL ungesalzene Butter, zerlassen

Whiskysoße
110 g weiche Butter
225 g Zucker
1 Ei, verquirlt
1 EL Whisky

Brotpudding mit Whiskysoße (links) und Crème Brûlée (rechts, Rezept auf Seite 136).

Ofen auf 150°C vorheizen. Brot in kleine Stücke brechen und in der Milch einweichen, bis es sie ganz aufgesogen hat. Eier, Zucker, Vanilleextrakt und Rosinen dazugeben. Gut verrühren. Zerlassene Butter in eine Auflaufform von 2 Litern gießen, Brotmischung dazugeben und etwa 1 Stunde backen. Wenn man in der Mitte mit einer Gabel einsticht, sollte nichts haften bleiben. Abkühlen lassen.

Für die **Whiskysoße** Butter und Zucker schaumig rühren und im Wasserbad erhitzen, bis sich alles aufgelöst hat. Schnell das Ei unterrühren, es darf nicht gerinnen. Soße abkühlen lassen und Whisky hinzufügen.

Brotpudding in Würfel schneiden und auf 6 Teller verteilen. Soße vorsichtig erhitzen und über die Puddingstücke geben. Ergibt 6 Portionen.

EIERCREME & KIRSCHDESSERT

EIERCREME

Dieses beliebte Dessert erinnert an den spanischen Flan und stammt womöglich aus der Zeit der kurzen, aber einflußreichen spanischen Herrschaft. ☺

3 Eier
110 g Zucker
500 ml Milch
1½ TL Vanilleextrakt
½ TL Pflanzenöl
½ TL frisch geraspelte Muskatnuß

Karamelsoße

225 g weißer Zucker
250 ml kochendes Wasser

Eier und Zucker in einer Schüssel schaumig rühren. Milch aufkochen, dann unter Rühren langsam in die Eimischung gießen. Vanille unterrühren.

Ofen auf 180°C vorheizen. Vier feuerfeste Förmchen am Boden und an den Seiten mit Pflanzenöl einpinseln. Milchmischung durch ein Sieb in die Förmchen gießen, oben mit etwas Muskat bestreuen. Förmchen in eine Bratpfanne stellen und soviel heißes Wasser dazugeben, daß die Förmchen halb im Wasser stehen.

25–30 Minuten backen; wenn man mit einem Messer in die Mitte sticht, darf nichts haften bleiben. Aus dem Ofen nehmen und auskühlen lassen. Zudecken und in den Kühlschrank stellen.

Für die **Karamelsoße** Zucker in eine kleine gußeiserne Pfanne geben. Bei niedriger Hitze ohne Umrühren den Zucker schmelzen lassen und leicht braun werden lassen. Aufpassen, daß er nicht anbrennt; Pfanne ab und zu rütteln. Sobald sich der Zucker aufgelöst hat, das kochende Wasser dazugeben, schnell arbeiten. Achtung: Spritzgefahr! Am besten Küchenhandschuhe tragen! Vom Herd nehmen und abkühlen lassen.

Vor dem Servieren die abgekühlte Soße über die gestürzte Eiercreme gießen. Ergibt 4 Portionen.

KIRSCHDESSERT ☺

375 ml Brandy
110 g Zucker
1 l frische oder eingedoste entsteinte Kirschen
6 Kugeln Vanilleeis

Brandy und Zucker in einem Topf erhitzen, bis sich der Zucker aufgelöst hat, dann die Kirschen dazugeben. Flüssigkeit vorsichtig mit einem langen Streichholz anzünden; die Kirschen umrühren, bis das Feuer ausgeht.

Eiskugeln auf 6 Dessertschalen verteilen, Kirschen mit der Soße darübergießen. Sofort servieren. Ergibt 6 Portionen.

BUTTERMILCHKUCHEN

The Cabin

Die Buttermilch verleiht diesem Kuchen ein leicht säuerliches, erfrischendes Aroma. ☉

450 g Zucker
1 TL gemahlener Zimt
1 TL geriebene Muskatnuß
1 TL Vanilleextrakt
2 EL Maisstärke
110 g Butter, zerlassen
3 große Eier, zimmerwarm
250 ml Buttermilch, zimmerwarm
Ungebackener, vorgefertigter Kuchenboden
(25 cm Durchmesser)

Ofen auf 180°C vorheizen. Mit dem elektrischen Rührgerät Zucker, Gewürze, Vanilleextrakt, Maisstärke, Butter und Eier verrühren. Bei niedriger Stufe rühren, bis der Teig glatt und geschmeidig ist. Buttermilch dazugeben und gut vermischen. Auf den ungebacken, vorgefertigten Boden geben. Etwa 40 Minuten backen, bis sich die Buttermilch-Mischung gesetzt hat und oben braun ist. Ergibt 8 Portionen.

Kuchenboden

Vorbereitete Kuchenböden aus Mürbteig kann man in den USA in jedem Supermarkt kaufen. Hier ein einfaches Rezept zum Selbstbacken:

350 g Mehl
175 g Butter, kalt, kleingeschnitten
80 g Zucker
1 Ei
1 Prise Salz

Zutaten in die Küchenmaschine geben und mit dem Knethaken verkneten. Den Teig zu einer Kugel formen, in Klarsichtfolie einschlagen und mindestens 1 Stunde im Kühlschrank ruhen lassen. Den Teig ausrollen, um das Nudelholz wickeln und über einer gefetteten Form ausrollen. Einen Teigrest zu einem Ballen formen und den Teig am Boden und am Rand der Form damit fest andrücken. Den Teigboden mehrmals mit einer Gabel einstechen.

PECANKUCHEN

Alle Südstaatler der USA lieben Pecankuchen. Bei diesem Rezept wird der Boden selbst gemacht, man kann aber auch einen gefrorenen Boden verwenden. ☺☺

Boden

5 EL Butter
110 g Mehl
$\frac{1}{2}$ TL Salz
$2\frac{1}{2}$ EL Wasser

Füllung

110 g brauner Zucker
1 EL Maisstärke
3 Eier, verquirlt
500 ml Maissirup
2 EL Vanilleextrakt
150 g Pecannußstücke
Pecannußhälften

Ofen auf 180°C vorheizen. Für den **Boden** Butter und Mehl vermischen, dann Wasser dazugeben. Gut verkneten, zu einem Ball formen und wieder in die Schüssel geben. Zugedeckt 30 Minuten in den Kühlschrank stellen. Teig ausrollen und in eine Form mit 20 cm Durchmesser geben. Auch den Rand der Form mit Teig auskleiden.

Für die **Füllung** Zucker, Maisstärke und Eier in einer Schüssel mit dem elektrischen Rührgerät verrühren. Dann den Sirup und den Vanilleextrakt hinzufügen und gut vermengen. Pecannußstücke auf den Teig legen, Füllung darübergeben und 40 Minuten backen. Wenn man mit einem Messer hineinsticht, darf nichts mehr haften bleiben. Auskühlen lassen. Mit den halben Pecannüssen garnieren. Ergibt 8 Portionen.

PRALINEN & CALAS

PRALINEN

Pralinen gehören zu den Süßigkeiten, die durch den Straßenverkauf im French Quarter von New Orleans Berühmtheit erlangt haben. Heute werden sie überall in der Stadt verkauft und auch in die ganze Welt versandt. ☺

> 340 g dunkler brauner Zucker
> 340 g weißer Zucker
> 2 EL Butter
> $\frac{1}{8}$ TL Salz
> 375 ml Kondensmilch
> 200 g geschälte Pecannußhälften
> 1 TL Vanilleextrakt
> 1 TL Pflanzenöl

Calas (in der Schale) und Pralinen (vorne).

Alle Zutaten in einen gußeisernen Topf geben und bei mittlerer Hitze kochen, dabei mit einem Holzlöffel umrühren. Bei niedriger Hitze 4 Minuten köcheln (ein Tropfen der Mischung sollte eine „harte Kugel" bilden, wenn er ins kalte Wasser fällt). Pfanne vom Herd nehmen. Mischung etwa 2 Minuten rühren, bis sie kalt ist und cremig wird.

Jeweils einen Löffel der Mischung auf Alufolie oder Pergamentpapier tropfen lasen. Pralinen ganz auskühlen lassen, dann in einen luftdichten Behälter legen. Ergibt ca. 40 Pralinen.

CALAS ☺☺

> 2 EL Hagelzucker
> 2 Eier
> 1 TL Vanilleextrakt
> 2 TL Backpulver
> $\frac{1}{2}$ TL Salz
> 225 g gesiebtes Mehl
> 200 g gekochter weißer Reis
> Pflanzenöl fürs Fritieren
> Puderzucker oder Zuckerrohrsirup

Zucker, Eier und Vanilleextrakt in einer Schüssel hellgelb und schaumig schlagen. Dann $1\frac{1}{2}$ Tassen Wasser dazugeben und gut verrühren. In einer anderen Schüssel Backpulver und Salz mit dem Mehl vermischen. Mit einem Schneebesen unter die Eimischung rühren. Reis hinzufügen, jedes Korn muß überzogen sein. Teig in 6 Portionen teilen; Hände mit etwas Pflanzenöl anfeuchten. Vorsichtig 6 Teigbällchen formen und auf Pergamentpapier setzen.

Eine gußeiserne Pfanne etwa 2,5 cm hoch mit Öl füllen und auf 190 °C erhitzen. Die Reisbällchen vorsichtig mit einem Schaumlöffel ins heiße Öl legen und fritieren, bis sich eine goldbraune Kruste bildet. Wenden, damit sie nicht anbrennen. Sofort mit Puderzucker oder Zuckerrohrsirup servieren. Ergibt 6 Portionen.

COCKTAILS

Sazerac Bar, Fairmont Hotel

Auf der Theke der Sazerac Bar stehen im Uhrzeigersinn: Mint Julep, Hurricane, Absinthe Suissesse, Brandy-Milch-Punch, Crème de Menthe, Sazerac und Crème de Noya.

EINFACHER SIRUP

250 ml Wasser
450 g Zucker

Wasser und Zucker in einem gußeisernen Topf auflösen. Erhitzen und 5 Minuten kochen lassen. Abkühlen lassen und im Kühlschrank aufbewahren. Ergibt ca. 250 ml.

SAZERAC

60 ml Roggenwhisky
1 TL einfacher Sirup (siehe oben)
3 Spritzer Peychaud's Bitter
3 Spritzer Angostura Bitter
1 Spritzer Wasser
2 Spritzer Herbsaint-Likör
Zitronenschale in Streifen

Alle Zutaten außer Herbsaint-Likör und Zitronenschale mit Eis vermischen. Herbsaint in ein gekühltes Glas gießen und das Innere damit überziehen. Überschuß wegschütten. Whiskymischung in das Glas seihen und Zitronenschale dazugeben.

GIN FIZZ

45 ml Gin
2 Tropfen Orangenblütenwasser
1 Eiweiß
1 EL einfacher Sirup (siehe oben)
$\frac{1}{2}$ TL Zitronensaft

60 ml Sahne
60 ml Milch

Alle Zutaten im Mixer mit Eis mischen. 30 Sekunden heftig schütteln. Über Eiswürfel in ein gekühltes Sektglas gießen.

BRANDY-MILCH-PUNCH

45 ml Brandy
1 EL einfacher Sirup (siehe oben)
6 Tropfen Vanilleextrakt
60 ml Sahne
60 ml Milch
Geriebene Muskatnuß

Alle Zutaten außer Muskat mit Eis in einen Mixer geben. Gut schütteln, dann in ein gekühltes Glas mit etwas Eis gießen. Mit Muskat bestreuen.

ABSINTHE SUISSESSE

45 ml Herbsaint-Likör
1 Eiweiß
3 Tropfen Orangenblütenwasser
3 Tropfen weiße Crème de Menthe
1 EL einfacher Sirup (siehe oben)
60 ml Sahne
60 ml Milch

Alle Zutaten mit Eis in den Mixer geben. Kräftig schütteln, bis es schaumig ist, dann in ein gekühltes Stielglas mit etwas zerstoßenem Eis gießen.

MINT JULEP

6 Minzeblätter
2 TL Puderzucker
60 ml Bourbon
Zerstoßenes Eis
Minzezweig

Minzeblätter und Zucker auf den Boden eines Highball-Glases geben. Blätter mit einem Löffel in den Zucker drücken, dann Bourbon dazugeben. Glas mit zerstoßenem Eis auffüllen und mit dem Minzezweig garnieren. Mit Strohhalm servieren.

CAFE BRÛLOT

2 EL ganze Gewürznelken
14 Zimtstangen, gebrochen
2 EL Zucker
Schale einer Zitrone, unbehandelt
1 Orange, unbehandelt
125 ml und 1 EL Grand Marnier
6 EL französischer Brandy
1 l heißer, frischer schwarzer Kaffee

Nelken, Zimt, Zucker und Zitronenschale in eine spezielle Brûlot-Schale (oder Schüssel aus rostfreiem Stahl oder Silber) geben. Orange vorsichtig in einem langen Streifen abschälen; die Schale an einem Ende an der Frucht lassen. Orangenschale mit den Nelken spicken, wieder um die Orange wickeln und in die Brûlot-Schale setzen.

125 ml Grand Marnier und 4 EL Brandy dazugeben, Schale dann auf eine Flamme setzen und Inhalt erwärmen. Mit einer Gabel in die Orange stechen, her-

ausheben und beiseite stellen.

1 EL Grand Marnier und 1 EL Brandy in einen rostfreien oder silbernen Schöpflöffel gießen und vorsichtig mit einem langen Streichholz anzünden. Mit der freien Hand die Orange auf der Gabel hochnehmen und so halten, daß die gespickte Orangenschale in die Schale mit der Flüssigkeit hinunter hängt.

Lichter im Zimmer dämpfen. Brennenden Alkohol vom Löffel die Orangenschale hinuntergießen. Löffel zweimal in die nun brennende Flüssigkeit tauchen und diese immer wieder die Orangenschale hinunter laufen lassen. Sobald das Feuer aus ist, Kaffee in die Schale gießen. Orange herausnehmen und das Getränk in Brûlot-Tassen oder andere dekorative Kaffeetassen gießen. Ergibt 6 Tassen.

Zusätzliche Rezepte

ROTE BOHNEN UND REIS

Foto auf Seite 4

Früher hing an Montagen in New Orleans überall der Geruch von gekochten roten Bohnen in der Luft. Nun ist Montag zwar nicht mehr Waschtag, an dem ein großer Topf mit roten Bohnen auf dem Herd stand, aber noch immer findet man selbst in den elegantesten Restaurants montags rote Bohnen auf der Speisekarte. Sie werden oft zu einer würzigen geräucherten Wurst serviert. ⏱⏱

450 g getrocknete rote Kidneybohnen
1 große Zwiebel, gehackt
450 g gepökeltes Schweinefleisch oder
    Schinken, gewürfelt
1 Lorbeerblatt
4 Knoblauchzehen, gehackt
5 EL gehackte, frische Petersilie
Salz und schwarzer Pfeffer
Heißer, gekochter weißer Reis
Geräucherte Louisiana-Wurst

Bohnen waschen und mit Wasser bedeckt über Nacht stehen lassen. Wasser abgießen und Bohnen in einen großen Topf geben. 8 Tassen frisches Wasser dazugießen, zugedeckt 1 Stunde bei niedriger Hitze köcheln. Zwiebeln, Schweinefleisch oder Schinken hinzufügen, Topf teilweise zudecken und 1½ Stunden kochen, bis das Fleisch durch ist.

Lorbeerblatt, Knoblauch und Petersilie hineingeben. Mit Salz und Pfeffer abschmecken, dann ohne Deckel etwa 30 Minuten kochen. Auf weißem Reis anrichten und Streifen der geräucherten Wurst dazugeben. Ergibt 6 Portionen.

MAISBROT ⏱

Foto auf Seite 4

110 g gesiebtes Mehl
260 g gesiebtes Maismehl
1 TL Backpulver
½ TL Salz
2 Eier
250 ml Buttermilch
500 ml Vollmilch
1½ EL Butter

Ofen auf 180°C vorheizen. Mehl, Maismehl, Backpulver und Salz in eine Rührschüssel sieben. Eier schaumig schlagen und zur Mehlmischung geben. Buttermilch und 1 Tasse Milch hinzufügen und alles gut verrühren.

In einer großen gußeisernen oder feuerfesten runden Form die Butter erhitzen. Wenn sie heiß, aber noch nicht braun ist, Teig zusammen mit der restlichen Milch hineingeben. Nicht umrühren. Pfanne in den Ofen stellen und etwa 50 Minuten backen. In Stücke schneiden. Ergibt 8 Portionen.

GEGRILLTE AUSTERN

Mike Fennelly, Mike's on the Avenue

Foto auf Seite 27

Bei diesem neuen kreolischen Rezept, das im Freien auf einem Grill zubereitet wird, verbinden sich Elemente der New-Orleans-Küche mit mediterranem Flair und asiatischen Einflüssen. ☻☻

2 EL Tomatenmark
2 Knoblauchzehen
2 Schalotten
2 TL gehackte rote Zwiebeln
2 TL gehackter frisches Koriandergrün
$\frac{1}{2}$ TL geröstete Sichuan-Pfefferkörner
2 TL milde Chilischoten, gehackt
$2\frac{1}{2}$ EL weißer Essig
75 g brauner Zucker
80 ml Sesamöl
4 TL frisch geriebene Ingwerwurzel
$\frac{1}{2}$ TL Cayennepfeffer
Saft von $1\frac{1}{2}$ Zitronen
125 ml Teriyaki-Soße
80 ml Sojasoße
3 Spritzer scharfe Chilisoße
225 g Pancetta, in dünnen Scheiben
2 Dutzend Austern in der Schale

Alle Zutaten bis auf Austern und Pancetta zu einer glatten Paste verrühren. Pancetta auf einem Backblech bei 180°C 2–3 Minuten im Ofen backen, bis sie leicht gebräunt ist. Mit Küchenpapier trockentupfen und in 0,5 cm große Quadrate schneiden. Grill vorbereiten.

Austern auslösen und obere Hälfte der Schale wegwerfen. Abspülen, um alle Schalensplitter zu entfernen. Austern in der halben Schale über die heißen Grillkohlen legen und etwas von der Soße über jede Auster geben. Mit Pancetta bestreuen. 5–7 Minuten grillen. Ergibt 8 Portionen.

GESCHMORTES GRÜNES GEMÜSE

Ein schmackhaftes ländliches Gericht. Die Kochflüssigkeit nicht wegschütten, man tunkt sie mit Maisbrot auf. ☻

3 kg grünes Gemüse, eine oder mehrere Sorten
340 g magerer Speck, gewürfelt
170 g fein gehackte Zwiebeln
60 g gehackter Stangensellerie
110 g gehackte grüne Parpikaschoten
1 kg Schinkenwürfel
Salz und schwarzer Pfeffer
2 EL weißer Essig
Scharfer Chili-Essig

Nur die zarten Blätter der Gemüse verwenden und in mundgerechte Stücke zerpflücken. Speck in einem gußeisernen Topf auslassen, dann Zwiebeln, Sellerie und Paprikaschoten dazugeben. Bei mittlerer Hitze etwa 5 Minuten unter Rühren braten, dann das Gemüse hinzufügen. Zugedeckt etwa 15 Minuten kochen, bis die Gemüse etwas zusammengefallen sind.

Schinkenwürfel, Salz und Pfeffer nach Geschmack sowie Essig unterrühren. Zugedeckt weitere 15 Minuten kochen. Dann 2 Tassen Wasser dazugießen und zugedeckt 90 Minuten köcheln lassen. Zur Mahlzeit eine Flasche mit scharfem Chili-Essig bereitstellen, damit jeder nach Belieben noch etwas Schärfe hinzufügen kann. Ergibt 10 Portionen.

SCHMUTZIGER REIS

Chef Greg Picolo, The Bistro

Durch die Hühnerleber erhält dieses Reisgericht seine „schmutzige" Farbe. ☺☺

400 g ungekochter Langkornreis
1 große Zwiebel, fein gehackt
1 grüne Paprikaschote, fein gehackt
2 EL Knoblauch, gehackt
2 Selleriestangen, fein gehackt
2 EL Butter
2 EL Worcestersoße
1 Enten- oder Hühnerleber, grob gehackt
225 g Rinderhack
250 ml Marsala oder Madeira
500 ml Rinderbrühe (S. 41)
1 EL getrockneter Estragon
4 EL ungesalzene Butter
1 TL Cayennepfeffer

Reis und 4 Tassen Wasser in einen mittelgroßen Topf geben. Zugedeckt aufkochen lassen, dann Hitze reduzieren und 10–12 Minuten köcheln, bis der Reis gerade gar ist. Abgießen, abbrausen und beiseite stellen.

2 EL Butter in einen großen Topf geben und die Gemüse darin anschwitzen, bis sie weich sind, dann Leber, Rinderhack und Marsala hinzufügen. Rinderbrühe und Worcestersoße dazugießen und etwa 3 Minuten kochen. Dann den vorgekochten Reis dazugeben und fertig kochen, bis die Flüssigkeit aufgesogen ist. Butter und Cayennepfeffer unterrühren. Ergibt 6 Portionen.

SCHWARZAUGENBOHNEN

In den Südstaaten der USA sind Schwarzaugenbohnen sehr beliebt. Das folgende Rezept wird zwar das ganze Jahr über zubereitet, speziell jedoch am Neujahrstag, da es angeblich für die kommenden 364 Tage Glück bringen soll. ☺

1 kg getrocknete Schwarzaugenbohnen
225 g magerer Speck, in 0,5 cm große Würfel geschnitten
1 grüne Paprikaschote, gehackt
90 g gehackte Zwiebeln
110 g gehackter Stangensellerie
2 TL Rotweinessig
750 ml Hühnerbrühe (S. 40)
Salz und schwarzer Pfeffer

Bohnen abbrausen und abtropfen lassen. Speck in einem gußeisernen Topf anbraten und gehackte Paprika, Zwiebeln und Sellerie dazugeben. Etwa 3 Minuten garen, dabei häufig umrühren. Bohnen, Essig und Brühe hinzufügen und mit Salz und Pfeffer abschmecken. Aufkochen und dann zugedeckt 1 Stunde köcheln lassen.

5 Tassen Wasser dazugeben, erneut aufkochen und eine weitere Stunde köcheln lassen. Immer wieder gut umrühren und falls nötig heißes Wasser zugießen. Ergibt 16–20 Portionen als Gemüsebeilage und etwa 10 Portionen als Hauptgericht mit weißem Reis.

KREOLISCHES HÄHNCHEN

Die Kreolen verliehen dem herkömmlichen Hühnerfrikassee eine eigene Note. In Verbindung mit weißem Reis ist dieses Gericht ein farbenfrohes Familienessen. ⊘

2 Brathähnchen (1$\frac{1}{2}$ kg), jeweils in 6 Stücke
  zerteilt
Salz und schwarzer Pfeffer
6 EL Mehl
Pflanzenöl
1 EL Pflanzenöl
1 große Zwiebel, fein gehackt
1 große grüne Paprikaschote, fein gehackt
2 Knoblauchzehen, gehackt
2 Petersilienzweige, gehackt
2 Selleriestangen, fein gehackt
1 TL getrockneter Thymian
1 Lorbeerblatt
1 große Tomate, gehackt
2 Tassen Wasser
Heißer, gekochter weißer Reis

Hähnchenteile salzen und pfeffern und mit Mehl bestäuben. Boden einer gußeisernen Pfanne mit Öl bedecken und Hühnerteile darin anbraten. Aus der Pfanne nehmen und auf Küchenpapier abtropfen lassen.

Aus dem restlichen EL Öl und 1 EL Mehl in einem Topf bei mittlerer Hitze in 10–15 Minuten ein dunkelbraunes *Roux* zubereiten. Alle übrigen Zutaten bis auf den gekochten Reis dazugeben und die Mischung etwa 20 Minuten köcheln lassen, bis sie sämig wird. Angebratene Hähnchenteile hinzufügen und etwa 1 Stunde köcheln lassen, bis sie gar sind. Mit Salz und Pfeffer abschmecken. Zu Reis servieren. Ergibt 6 Portionen.

CRÈME BRÛLÉE

Foto auf Seite 121

6 Eigelb
70 g weißer Zucker
645 ml Sahne
1 EL Vanilleextrakt
3 EL brauner Zucker

Ofen auf 125 °C vorheizen. Mit dem Rührgerät bei mittlerer Geschwindigkeit Eigelb und Zucker in einer Schüssel verrühren. Beiseite stellen. Sahne aufkochen, vom Herd nehmen und zur Ei-Zucker-Mischung geben, dabei ständig umrühren. Vanilleextrakt hinzufügen. Weiterrühren, bis die Mischung abgekühlt ist. In 6 feuerfeste Formen gießen.

Formen auf ein Blech setzen und soviel Wasser dazugießen, daß die Formen halb im Wasser stehen. 50 Minuten in den Ofen geben. Formen herausnehmen, bei Zimmertemperatur abkühlen lassen und dann in den Kühlschrank stellen.

Etwa $\frac{1}{2}$ TL braunen Zucker über jede Form streuen. Auf ein Blech mit Backpapier stellen und in den Grill geben, bis der Zucker schmilzt, dunkel wird und eine Kruste bildet. Gut aufpassen, daß der Zucker nicht anbrennt. Bis zum Servieren in den Kühlschrank stellen. Ergibt 6 Portionen.

Kulinarische Schauplätze

Alle Fotos dieses Buches wurden in New Orleans und Umgebung aufgenommen. Fotos von Gerichten aus bestimmten Restaurants sind in den jeweiligen Restaurants entstanden.

Das Landgut **Bay Tree Plantation** (3785 Highway 18, Vacherie) ist ein französisches Kreolen-Cottage, in den 1850er Jahren von Edmond Trepagnier erbaut. Jeder Raum dieser eleganten Pension ist mit Antiquitäten ausgestattet. Dinah und Rich Laurich bieten ihren Gästen ein herzhaftes Frühstück und die charmante Gastlichkeit des Südens. *99*

The Cabin (an den Highways 44 und 22, Burnside): Dieses Restaurant, eine von 10 originalen Sklavenbehausungen der Monroe-Plantage, ist über 150 Jahre alt. *83, 125*

Houmas House and Gardens (40136 Highway 942, Burnside): Am Mississippi gelegen, auf einem Grundstück, das in Kolonialzeiten den Houmas-Indianern abgekauft wurde. Das hintere Gebäude enstand Anfang des 18. Jh. Das herrliche Landgut im neugriechischen Stil wurde 1840 von John Smith Preston erbaut. Das Haus wurde 1940 liebevoll von George B. Crozat restauriert. *28*

Laura Plantation (2247 Highway 18) in Vacherie ist ein Plantagenhaus im Stil der Westindischen Inseln, 1805 von Guillaume Duparc erbaut. Sechs der originalen Sklavenbehausungen und Nebengebäude stehen noch heute. *85, 93*

Hotel Maison de Ville und Audubon Cottages (727 Toulouse Street): Ein luxuriöses Hotel im europäischen Stil aus dem Jahr 1742; seine hübschen Zimmer haben die Eleganz dieser Zeit bewahrt. Das Hotel ist mit schönen französischen Antiquitäten ausgestattet und hat einen palmenbestandenen Hof, in dem Tennessee Williams sein Drama *A Streetcar Named Desire* (dt. *Endstation Sehnsucht*) überarbeitete. Die sieben Audubon-Cottages sind nach dem berühmten Naturforscher benannt, der im frühen 19. Jh. in Cottage Nr. 1 wohnte. *38, 43, 49*

Nottoway Plantation (am Highway 1 bei White Castle): Ein weiteres Beispiel neugriechischer Architektur mit schöner Inneneinrichtung. Das Landgut, zwischen 1849 und 1859 vom Zuckerfarmer John Hampton Randolph erbaut, ist eines der weitläufigsten am Mississippi und steht unter Denkmalschutz. Mit über 10,600 Quadratmetern ist es das größte Antebellum-Haus des Südens. Es gibt hier Führungen, einen Souvenirladen und ein Restaurant. *129*

Oak Alley Plantation (am Highway 18) ist nach seiner stattlichen Allee mit 28 Eichen benannt, die Anfang des 18. Jh. angepflanzt wurden. Das Haus wurde 1837

von Jacques T. Roman erbaut und hat bereits einige Filmcrews angezogen, so zum Beispiel für den Film *Interview with the Vampire (Interview mit einem Vampir)*, der hier entstanden ist. Die Plantage hat ein Café, einen Souvenirladen und bietet Übernachtungsmöglichkeiten. *113*

Der **Anne Rice Garden** ist der Garten von Anne Rices Privathaus im Garden District. Es ist der Öffentlichkeit nicht zugänglich, doch werden gelegentliche Führungen von den Anne Rice's Very Own New Orleans Tours arrangiert. *123*

Tezcuco Plantation (3138 Highway 44, Darrow): Ein historischer Ort im neugriechischen und französisch-kolonialen Stil. Es gibt hier tägliche Führungen, einen Souvenirladen, ein Antiquitätengeschäft, ein Café und Übernachtungsmöglichkeiten. *138*

Links:
Dem Touristen bietet sich in New Orleans auch die Gelegenheit, an historischen Schauplätzen (hier: Tezcuco Plantation) das besondere Flair und die kulinarischen Köstlichkeiten dieser Stadt zu genießen.

Restaurantführer

Abita Brewpub
72011 Holly St., Abita Springs

Andrea's
3100 19th St., Metairie

Antoine's
713 St. Louis St., New Orleans

Arnaud's
813 Bienville St.
New Orleans

Bayona
430 Dauphine St.
New Orleans

Bella Luna
914 N. Peters St., New Orleans

The Bistro
  im Hotel Maison de Ville
727 Toulouse St.
New Orleans

Brennan's
417 Royal St., New Orleans

Brigtsen's
723 Dante St., New Orleans

The Cabin
An den Highways 44 und 22
Burnside

Cafe Giovanni
117 Decatur St., New Orleans

Commander's Palace
1403 Washington Ave.
New Orleans

Dominique's im Maison
  Dupuy
1001 Toulouse St., New Orleans

Emeril's
800 Tchoupitoulas St.
New Orleans

Gabrielle
3201 Esplanade Ave.
New Orleans

Galatoire's
209 Bourbon St., New Orleans

Grill Room
  im Windsor Court
300 Gravier St., New Orleans

K-Paul's Louisiana Kitchen
416 Chartres St., New Orleans

La Provence
25020 Highway 190, Lacombe

Mike's on the Avenue
628 St. Charles Ave.
New Orleans

Palace Café
605 Canal St., New Orleans

Peristyle
1042 Dumaine St., New Orleans

Sazerac Restaurant
  im Fairmont Hotel
123 Baronne St., New Orleans

Upperline
1413 Upperline St., New Orleans

Register

Abita Brewpub 26
Absinthe Suissesse 130
Andouille 32
Andrea's 26
Antoine's 22
Arnaud's 24
Artischocken 32
Artischocken, mit Austern
   gefüllt 56
Auberginen 32
Auberginen-Krebsküchlein 90
Austern 32
Austern Bonne Femme 55
Austern Rockefeller-Art 54
Austern, gebacken 52
Austern, gegrillt 134
Austern-Artischocken-Suppe 74
Austernsuppe 72
Bananen à la Foster 118
Barsch 32
Basilikum 32
Bayona 25
Beignets 42
Bella Luna 25
Blaukrebse 33
Bohnen, rote 33
Bohnen, rote, und Reis 133
Boudin 33
Brandy-Milch-Punch 130
Brennan's 24
Brigtsen's 24

Brotpudding mit Whiskysoße
   120
Buttermilchkuchen 124
Cafe Giovanni 25
Café Brûlot 132
Calas 128
Cayennepfeffer 33
Cocktailsoße 33
Commander's Palace 24
Crème brûlée 136
Daube Glacé 112
Dominique's 25
Eier Sardou 44
Eier-Hussarde 44
Eiercreme 122
Emeril's 24
Filé 33
Fisch-Velouté 41
Fischbrühe 40
Flunder 33
Forelle Amandine 102
Forelle Meuniere 102
Frühlingszwiebeln 33
Gabrielle 26
Galatoire's 22
Garnelen 34
Garnelen auf kreolische Art
   84
Garnelen Bayou Lafourche 60
Garnelen mit Remouladensoße
   62

Garnelen und Tasso mit Fünf-
   Farben-Gelee 58
Garnelen, gegrillt 80
Garnelen, gekocht 80
Garnelen, weiße 34
Gelbflossenthun 34
Gemüse, grünes 34
Gemüse, grünes, geschmort
   134
Gewürzmischung, kreolische
   34
Gin Fizz 130
Grill Room 25
Grütze 34
Gumbo mit Hühnchen und
   Andouille 64
Haifisch 34
Honig-Ente, gebraten 104
Hähnchen, kreolisch 136
Hühnchen Bonne Femme 108
Hühnchen, sizilianisch 108
Hühnerbrühe 40
Hummer mit Blattspinat 88
Hummersuppe 70
Jakobsmuscheln, gegrillt, mit
   Galette aus Pilzen 94
Jambalaya 76
K-Paul's Louisiana Kitchen 26
Kalbsfleisch, paniert 116
Kalbskoteletts in Chipotle-Sahne
   114

Kathryn-Soße 52
Kirschdessert 122
Krebs-Beignets 50
Krebse à la Cardinal 50
Krebsfleisch-Ravigotte 56
kreolische Soße 40
Kürbis 34
La Provence 26
Lorbeerblätter 35
Maisbrot 133
Maisgrütze 46
Maque Choux 76
Meeresfrüchte, in Maismehl, fritiert 82
Meeresfrüchte-Gumbo 66
Mike's on the Avenue 25
Mint Julep 132
Mirliton 35
Muffuletta 110
Ohan-Soße 52
Okra 35
Pain Perdu 42
Palace Cafe 25
Paprikaschoten 35
Pecankuchen 126
Pecannüsse 35
Peristyle 26
Petersilie 35
Pompano en Papillote 86
Pompano-Fisch 35

Pralinen 128
Redfish 35
Redfish Courtbouillon 98
Redfish mit Süßkartoffeln und Kumquats 100
Redfish, geschwärzt 96
Regenbogenforelle 36
Reis 36
Reis, schmutziger 135
Rinderbrühe 41
Rinderfilets mit Sauce Marchand de Vin 116
Rosmarin 36
rote Bohnen und Reis 133
Roux 39
Sauce Béarnaise 40
Sauce Hollandaise 40
Sauce Marchand de Vin 41
Sazerac 130
Schalotten 36
Schildkrötensuppe 68
Schmorfleisch 46
Schwarzaugenbohnen 36, 135
Senf, kreolischer 36
Sirup, einfach 130
Soße, scharfe 37
Soufflé-Kartoffeln 78
Stangensellerie 37
Süßwasserkrebs-Étouffée 92
Süßwasserkrebse 37

Süßwasserkrebse mit pikantem Aioli und Tomaten 48
Suzette-Soße 54
Tasso 37
The Bistro 26
Thunfisch, geschwärzt 96
Thymian 37
Tujague's 22
Upperline 24
Wachteln, geräuchert, auf Salat 106
Würze für Fisch und Meeresfrüchte 37, 39
Yams 37
Yams, kandiert 104
Ziegenkäse in Blätterteig 48
Zucchini 37

Preiswert und voll im Trend, exotisch und gesund

So kocht Indien
ISBN 3-576-10792-4

So kocht Thailand
ISBN 3-576-10790-8

So kocht Vietnam
ISBN 3-576-10793-2

So kocht Bali
ISBN 3-576-10794-0

So kocht Indonesien
ISBN 3-576-10791-6

So kocht China
ISBN 3-576-10789-4

So kocht Australien
ISBN 3-576-11180-8

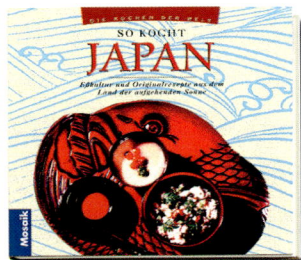

So kocht Japan
ISBN 3-576-11181-6

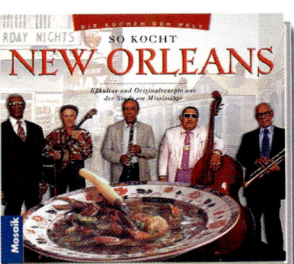

So kocht New Orleans
ISBN 3-576-11182-4

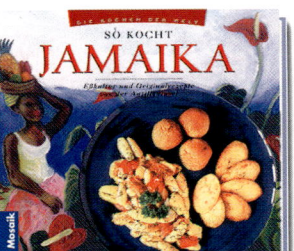

So kocht Jamaika
ISBN 3-576-11183-2

Je Band
132 Seiten, ca. 65
Farbabbildungen
Gebunden

Erhältlich überall dort,
wo es Bücher gibt.

Mosaik